EVROPA

»Verbrechen verhindern, bevor sie entstehen.« Im Zuge der Terrorbekämpfung schränken Sicherheitspolitiker in den USA, aber auch in Europa Bürgerrechte ein, um ein Mehr an Sicherheit zu erreichen. Von der Rasterfahndung versprach sich Bundesinnenminister Otto Schily wahre Wunder, Identitätskontrollen mit Hilfe von Biometrie sollen nun Terroristen außer Landes halten. Mit Telefon- und Internetüberwachung, Videoaufzeichnung und DNA-Analysen versuchen Fahnder möglichst im Vorfeld schon Straftaten zu verhindern. Immer mehr Daten werden gesammelt und gespeichert, damit Fahnder in gigantischen Datenbanken potenzielle Täter nach verdächtigen Profilen suchen können. Auf immer schnelleren Computern mit immer leistungsfähigeren Speicherkapazitäten stellen Programme Verbindungen auch zwischen unverdächtigen Personen, Orten und Gegenständen her. Christiane Schulzki-Haddouti, eine der erfahrensten IT-Journalistinnen hierzulande, untersucht ein ganz heikles Thema zukünftiger Politik: Wie erfolgreich sind die neuen Technologien im Kampf gegen Kriminalität und Terrorismus wirklich? Wie muss die Technologie aussehen, damit Bürgerrechte Geltung haben? Wie hoch ist der Preis, den das Mehr an Sicherheit kostet?

Christiane Schulzki-Haddouti, geboren 1967, gehört zu den führenden IT-Journalistinnen und schreibt regelmäßig für *c't*, *Heise online* und *Süddeutsche Zeitung*. Darüber hinaus berät sie die Bundeszentrale für Politische Bildung und das Bundesforschungsministerium. Bei Rotbuch liegt vor: »Datenjagd im Internet« (Rotbuch Verlag 2001).

Christiane Schulzki-Haddouti

Im Netz der inneren Sicherheit

Die neuen Methoden der Überwachung

Europäische Verlagsanstalt

Informationen zu unseren Verlagsprogrammen finden Sie im Internet
unter www.europaeische-verlagsanstalt.de

Bibliografische Information Der Deutschen Bibliothek

Die Deutsche Bibliothek verzeichnet diese Publikation in der
Deutschen Nationalbibliografie; detaillierte bibliografische Daten
sind im Internet über http://dnb.ddb.de abrufbar

Umschlaggestaltung: projekt ® | Walter Hellmann, Hamburg
Umschlagfoto: zefa / creasource
Signet: Dorothee Wallner nach Caspar Neher »Europa« (1945)
Herstellung: Das Herstellungsbüro, Hamburg
Druck und Bindung: Poligrafia Janusz Nowak

Printed in Poland
ISBN 3-434-50582-2

INHALT

Politik der Angst

Angst statt Mut, Misstrauen statt Vertrauen, Unilateralismus statt Multilateralismus. So könnte man die gesellschaftlichen und politischen Befindlichkeiten auf beiden Seiten des Atlantiks nach dem 11. September 2001 charakterisieren. 19 Attentäter hatten drei Passagierflugzeuge in das World Trade Center in New York und das Pentagon in Washington D.C. gelenkt. Eine vierte entführte Maschine war auf freiem Feld abgestürzt. Beim Einsturz der beiden Hochhaustürme starben 2749 Menschen. Vor den Terroranschlägen hatten sich die meisten Amerikaner unverwundbar gewähnt.

Die Zeit nach dem Fall der Berliner Mauer, d.h. die Ära nach dem Ende des Kalten Krieges, empfanden viele Menschen in den westlichen Industriestaaten als Blütezeit des Wohlstands und Friedens. In anderen Teilen der Welt herrschten zwar Krieg und Terror. Zu Hause aber stiegen die Aktienkurse und die Wirtschaft boomte. Der Aufschwung der 90er Jahre verhieß Wohlstand und soziale Sicherheit für jeden. Mehr Macht dem Markt und Entbürokratisierung standen auf der politischen Agenda. Zivilgesellschaftliches Engagement galt vertrauenswürdiger als staatliche Intervention. Kein Gegner schien diese Entwicklung zu bedrohen. Mit dem wirtschaftlichen Niedergang, den viele erst mit den Folgewirkungen der Flugzeugattentate wahrnahmen, schlug das trügerische Sicherheitsgefühl in Angst um. Die kollabierenden Zwillingstürme in New York wurden zum Symbol für sinnlose Gewalt und eines gnadenlosen Fanatismus. Als das bis dahin nur Terrorexperten bekannte Netzwerk Al-Qaida die Vorstellung der Menschen von einem sicheren, geschützten Leben mit einem Schlag zerstörte, fragten sich viele verständnislos: »Warum haben sie uns das angetan?«

Bereits vor, aber besonders nach den Terroranschlägen zeigte die US-Regierung der Völkergemeinschaft, was sie von internationalen Abkommen hielt, die ihr nicht direkt zum Vorteil gereichten: Gemeinsam mit Irak und Libyen weigerten sich die USA 1997, ein internationales Abkommen zur Ächtung von Landminen zu unterschreiben. Die Bush-Regierung wehrte sich gegen die Einsetzung eines internationalen Strafgerichtshofs und setzte dafür eigene völkerrechtswidrige Militärtribunale ein. Sie setzte keine Unterschrift unter die Biowaffen-Konvention und kündigte den ABM-Vertrag. Der UN-Gipfel von Johannesburg spielte in den Überlegungen der US-Außenpolitik nur eine kleine Rolle, Mittel für den Weltbevölkerungsfonds wurden gestrichen, Strafzölle für Stahlimporte erlassen und Agrarsubventionen deutlich erhöht. Die Bush-Regierung nutzte den Nato-Vertrag, die UNO-Charta, sogar die Antiterror-Koalition lange Zeit nur dann, wenn es ihr nützte. Kurzum: Auf dem diplomatischen Parkett bewegte sie sich wie der Elefant im Porzellanladen. Alte Bündnispartner wandten sich ab, neue, wenn auch kurzfristige Koalitionen wie die zwischen Deutschland, Frankreich und Russland entstanden. Während Bundeskanzler Gerhard Schröder im Fall Afghanistans noch »in uneingeschränkter Solidarität« an Amerikas Seite stand, riskierte er im Fall Irak sogar ein schweres Zerwürfnis.

Während des Kalten Krieges hatten viele die Gewissheit, in der besten aller Welten zu leben. Nach dem Ende der Blockkonfrontation konnten sich viele Menschen in Ost und West nicht mehr von einem gehassten »Anderen« abgrenzen. Die gesellschaftliche Identität änderte sich, neue und alte Probleme blieben unterdrückt. Ungelöst blieb bis heute die Frage, wie politische und ökonomische Macht in einer konstruktiven Weise von einer westlichen Hegemonie zu einer multi-ethnischen Weltordnung übertragen werden kann. Dan Bar-On, Professor am Institut für Verhaltenswissenschaften der

Ben-Gurion-Universität in Beer Sheva, Israel, sagt: »Als der Feind ›verschwunden‹ war, mussten viele Menschen sich ihre kollektiven Identitäten neu strukturieren – ein Kräfte zehrender und zugleich beängstigender Prozess.« Die Terroranschläge des 11. September führten zur Konstruktion eines neuen Feindes, den man hassen und dem man einen neuen Krieg erklären konnte. Wer aber ist dieser Feind? Bar-On appelliert an den Westen, konstruktive Wege zu finden, seine militärische und ökonomische Macht zu delegieren. Falls dies nicht gelinge, »werden Gruppen wie Al-Qaida nur ein Vorspiel sein für andere Kräfte, die den Westen in sehr zerstörerischer Weise zwingen werden, Macht abzugeben«, warnt der international angesehene Konfliktforscher. David Becker hält »das Gerede von einer kollektiv traumatisierten zivilisierten Welt, die durch terroristische Gewalt in ihren Grundfesten erschüttert wurde«, für »pure politische Propaganda«. Der Kampf des amerikanischen Präsidenten George W. Bush als Kampf der Guten gegen die Bösen ist die Rhetorik der Macht, die sich jedes Mittels bedienen darf: »Weder braucht man zu wissen, was die Opfer voneinander unterscheidet, noch braucht man genauere Kenntnisse über ›die Terroristen‹ und ihre Bezüge. Wer zweifelt, ist ein Feind.« Generell gilt: »Das Opfer ist man immer selbst, die Terroristen sind die Anderen.«[1] Der amerikanische Politikwissenschaftler Benjamin Barber, der früher Bill Clinton beriet, analysiert die gegenwärtige Politik der USA so: Terror solle mit Terror bekämpft werden. Die von den USA entworfene Weltordnung, die »Pax Americana«, entwickele sich zu einem »Imperium der Angst«. Im Inneren werde die Bevölkerung in einen Alarmzustand versetzt, nach außen hin zwinge »Schock und Einschüchterung« Feind und Freund unter die Vormundschaft der Weltmacht.[2] Und Weltethiker Hans Küng sagt, dass es die »Angst vor dem Terror« war, welche »die globale Akzeptanz des amerikanischen Imperialismus« erleichtert habe.[3] Gleichwohl steht der Westen nicht geschlossen der Bedrohung gegenüber. Innerhalb der Nato sind die Fronten nicht klar, auch die Europäische Union betreibt alles andere als eine gemeinsame Außenpolitik. Der australische Politikwissenschaftler Owen Harris, der kurz nach dem Ende des Kalten Krieges prophezeite, der geschlossene Westen werde sich bald auflösen, hat die realistischste Sicht auf die Ereignisse entwickelt. Die Schweizer *Weltwoche* sieht in der Identitätskrise des Westens sogar etwas Beruhigendes: »Osama Bin Laden mag ein Gigant der Verunsicherung sein – im Vergleich zur expansiven Supermacht Sowjetunion ist er ein Zwerg.«[4]

Ausgehebelte Bürgerrechte

Seit dem 11. September 2001 hat sich in den USA selbst vieles verändert: Einschneidend war die skrupellose Aushebelung von Bürgerrechten durch den »USA Patriot Act«[5], der sechs Wochen nach den Anschlägen verabschiedet wurde: Auf seiner Grundlage können etwa amerikanische Bürger inhaftiert werden, ohne einer Straftat beschuldigt zu werden, ohne das Recht auf ein Gerichtsverfahren zu haben, ohne ihren Rechtsanwalt sehen und ohne ihre Familien kontaktieren zu können. Der Präsident hat das Recht, jeden beliebigen Bürger als feindlichen Kämpfer zu bezeichnen. In diesem Fall kann der Beschuldigte ohne jedes Gerichtsverfahren inhaftiert und so lange festgehalten werden, wie es der Präsident wünscht. Falls die Entscheidung des Präsidenten auf falschen Informationen beruht, hat der Beschuldigte keinerlei Möglichkeiten, seine Unschuld zu beweisen. Denn er kann weder mit einem Anwalt noch mit seiner Familie sprechen. Generell dürfen die Behörden inzwischen die Gespräche zwischen dem Anwalt und seinem Klienten belauschen. Die strengen Ausnahmeregeln, die bislang galten, hat Justizminister John Ashcroft abgeschafft.

Strafverfolger dürfen Häuser und Wohnungen ohne jede Vorwarnung durchsuchen, auch wenn keinerlei Hinweise auf terroristische Aktivitäten vorliegen. Es genügt der Hinweis, dass die Durchsuchung in Verbindung mit einem Spionageverfahren steht. Bürgerrechtler erbost dies besonders, da dies bislang in der US-Geschichte zu keinem Zeitpunkt möglich war. Die Polizei benötigte einen Durchsuchungsbefehl, der von einem Richter ausgestellt wurde. Sie musste sich vor der Durchsuchung an der Haustür deutlich bemerkbar machen. Außerdem musste die Polizei beschlagnahmte Gegenstände auf einer Liste aufführen, damit im Falle eines Versehens die Bürger ihre persönlichen Gegenstände zurückbekommen konnten.

Regierungsbehörden dürfen überwachen, welche Website ein Bürger im Internet besucht. Sie dürfen Listen darüber führen, wer wem eine E-Mail geschickt oder angerufen hat. Es gibt kein Gericht, das prüfen würde, ob dies überhaupt notwendig ist und was mit diesen Daten passiert. Die Bundesbehörde FBI darf jederzeit Aufzeichnungen von Büchereien, Banken, Colleges, Hotels, Krankenhäusern und Firmen über ihre Kunden einsehen. FBI-Agenten dürfen die Kreditwürdigkeit eines jeden überprüfen, der in einem Untersuchungsfall von Interesse ist. Ein Anfangsverdacht ist nicht nötig.

Jegliche Unterstützung für ausländische Terrororganisationen ist verboten. Auch legale und gewaltfreie Aktionen wurden mit bis zu 15 Jahren Haft geahndet. Der Gesetzestext ist so vage formuliert, dass er das Recht auf Meinungsfreiheit einschränkt. Zu diesem Ergebnis jedenfalls kam eine Bundesrichterin, die diesen Teil des Patriot Acts im Januar 2004 für verfassungswidrig erklärte.

Die Alarmstufe gelb und orange beherrscht das Alltagsleben. »Der Durchschnittsamerikaner investiert in dieser neuen Situation, in der sich permanent die Frage nach dem nächsten Terroranschlag und seinen Auswirkungen stellt, die meiste Energie in das Bemühen, ein gewisses Maß an Sicherheit zu finden«, beobachtete die Psychologin Mary Beth Williams vom Trauma Recovery Education and Counseling Center in Warrenton im US-Bundesstaat Virginia.[6] Der angesehene amerikanische Sicherheitsexperte Bruce Schneier kritisierte, dass das nationale Farbwarnsystem zu keinen konkreten Maßnahmen führe: »Die Menschen werden ihrer Angst überlassen oder mit unsinnigen Anweisungen abgespeist, sich Plastikplanen und Klebeband zu besorgen.« Auch lokale Polizeistationen und Behörden hätten keine Ahnung, was sie tun müssten, sobald sich der Farbcode verändert. »Das Warnsystem sorgt unnötig für Angst und Verwirrung und schadet damit mehr, als dass es nützt«, findet Schneier. Er kann in dem Warnsystem zwar keinen praktischen Nutzen, aber einen politischen Zweck entdecken: Würde ein Anschlag stattfinden, obwohl die Regierung die Alarmstufe nicht erhöht hat, würde sie dafür kritisiert werden, den Anschlag nicht vorhergesehen zu haben. Würde ein Anschlag hingegen während einer erhöhten Alarmstufe stattfinden, könnte die Regierung darauf hinweisen, dass sie die Bevölkerung ja gewarnt hatte. Schneier vermutet, dass das Alarmsystem letztlich die Wähler den Republikanern zutreibt, die von den Demokraten behaupten, sie gingen »zu weich« mit Terroristen um. Denn Wähler, die ständig auf eine Gefährdung hingewiesen werden, tendierten dazu, ihre Stimme den Republikanern zu geben.[7]

In seiner Ansprache »Freedom and Security« forderte der frühere US-Vizepräsident Al Gore am 9. November 2003 die Rücknahme des »Patriot Act«, da die Bürgerrechte permanent eingeschränkt würden.[8] Normalerweise sei eine Regierung der öffentlichen Überprüfung durch das Volk unterworfen, während persönliche Informationen generell vor dem Zugriff der Regierung bewahrt würden. Die Bush-Regierung mache jedoch genau das Gegenteil: Sie versuche ihre Entscheidungen im Geheimen zu treffen, indem sie entscheidende Informationen über den Krieg gegen den Terror Volksvertretern vorenthält. Monatelang verhinderte sie die Freigabe des Untersuchungsberichts zum 11. September. Die Regierung habe mit »zuvor nicht gekannter Geheimhaltung und Täuschungsmanövern versucht, ihre Rechenschaftspflichten vor dem Kongress, den Gerichten, der Presse und dem Volk zu umgehen«, wetterte Gore. Auch Senator John McCain kritisierte, dass diese »exzessive Geheimhaltung seitens der Regierung Verschwörungstheorien anheize und das Vertrauen der Öffentlichkeit in die Regierung mindere.[9] Im Gegenzug fordere die Regierung, so Gore, unter dem Vorwand der nationalen Sicherheit ungehinderten Zugang zu persönlichen Informationen amerikanischer Bürger. Indem die Bush-Regierung Ängste und Befürchtungen der Bevölkerung überhöht habe, habe sie, so kritisiert Gore, die Gefahr eines Big-Brother-Staates, wie ihn George Orwell in seinem Roman »1984« entwarf, erst heraufbeschworen. Die Bush-Regierung leite das Land nicht, indem sie zu Mut auffordere, sondern indem sie Angst schüre.

Ist Prävention möglich?

Die »Nationale Kommission zu den Terroranschlägen vom 11. September« kam zu dem Ergebnis, dass mangelnde Koordination zwischen den Sicherheitsbehörden ein Teil des Problems gewesen sei. »Versäumte Gelegenheiten«, »Fehleinschätzungen«, »mangelnde Kommunikation und Kooperation« und »Versagen« konstatiert der 850 Seiten starke Kongressbericht im Zusammenhang mit der Arbeit amerikanischer Ermittlungsbehörden und Nachrichtendienste. Er kommt zu dem Schluss: »Die Nachrichtendienste und Ermittlungsbehörden haben aus einer Vielzahl von Gründen eine Reihe von Informationen nicht miteinander verknüpft und nicht vollständig in Betracht gezogen. Das zu tun aber, hätte die Chancen zur Aufdeckung und Verhinderung von Osama Bin Ladens Plan, die Vereinigten Staaten am 11. September 2001 anzugreifen, deutlich erhöht.« Die Geheimdienste hätten weder Zeit und Ort noch den spezifischen Charakter der geplanten Anschläge gekannt, wohl aber »eine Menge wertvoller Informationen« über Osama Bin Laden und seine terroristischen Aktivitäten gehabt. Die Kommission hält zudem Angaben der Regierung für falsch, wonach alle 19 Attentäter legal eingereist seien. So hatten mindestens zwei, möglicherweise aber auch acht Attentäter gefälschte Visa. Zu einigen Attentätern hatten die Sicherheitsbehörden Kontakt gehabt, ihr verdächtiges Verhalten aber nicht überprüft. So konnte etwa Said el Ghamdi bei seiner Einreise als Tourist im Juni 2001 keine Adresse und nur 500 Dollar vorweisen. Sechs Attentäter hatten ihr Visum überzogen oder die als Reisegrund angegebene Sprachschule nicht besucht.

Schockierend für die US-Sicherheitsbehörden war die Erkenntnis, dass eine gründliche Recherche in den Daten, die den Behörden und der Öffentlichkeit bereits zugänglich waren, genügt hätte, um die Anschläge zu verhindern. Eine Untersuchung des US-amerikanischen Think Tanks Markle Foundation vom Oktober 2002 stellte fest, dass alle an den Flugzeugentführungen beteiligten Attentäter durch Nutzung gängiger Informationsquellen im Vorfeld der Anschläge herausgefiltert und als gemeinsam operierendes Terroristennetzwerk hätten identifiziert werden können.[10] So kauften etwa Nawaq Alhamzi und Khalid Al-Midhar im August 2001 unter ihrem richtigen Namen Flugtickets für den Flug 77 (Pentagon) der American Airlines. Beide Namen befanden sich auf der »Tippoff«-Überwachungsliste der Einwanderungsbehörde. Sowohl das FBI als auch die CIA fahndeten nach beiden Männern als mutmaßliche Terroristen, da sie bei einem einschlägigen Treffen in Malaysia beobachtet worden waren. Hätten das FBI oder die CIA die beiden Namen mit der »Tippoff«-Liste abgeglichen, hätte sich eine genaue Übereinstimmung ergeben. Dies wäre erst der Beginn weiterer Datenabgleiche gewesen. Wenn die Ermittler auch noch Adressen abgeglichen hätten, hätten sie feststellen können, dass Salem Al-Hazmi, der ebenfalls den Flug 77 gebucht hatte, dieselbe Adresse wie Nawaq Alhazmi nutzte. Sie hätten auch entdecken können, dass Mohamed Atta (American Airlines 11, Nordturm des World Trade Center) und Marwan Al-Shehhi (United 175, Südturm des World Trade Center) die gleiche Anschrift hatten wie Khalid Al-Midhar. Hätten die Analysten nach identischen Vielflieger-Nummern gesucht, hätten sie entdeckt, dass Majed Moqed (American Airlines 77) dieselbe Nummer wie Al-Midhar nutzte. Nachdem die Fahnder so herausgefunden hätten, dass Mohamed Beziehungen zum mutmaßlichen Terroristen Al-Midhar unterhielt, hätten sie Attas Telefonnummer ihrer Prüfliste hinzufügen können. Auf diese Weise hätten sie fünf weitere Flugzeugentführer identifizieren können. Kurz vor dem 11. September hätte ein weiterer Abgleich der Passagierlisten mit der Liste der abgelaufenen Visa Ahmed Alghandi ausgemacht. Über ihn wären die Ermittler mit ähnlichen Korrelationen auf die restlichen Entführer gestoßen, die später den United-Flug 93 in Pennsylvania beendeten.

Hätten also die Anschläge verhindert werden können, wenn die Fahnder die Informationen rechtzeitig ausgewertet hätten? Das Informationsdefizit bestand zweifellos darin, dass Informationen nur unzureichend zwischen den Sicherheitsbehörden übermittelt wurden. Auch konnten die Sicherheitsbehörden gar nicht auf die Informationen anderer Behörden zugreifen. FBI und CIA misstrauten sich gegenseitig tief und waren mehr daran interessiert, ihr Terrain zu verteidigen, als effektiv zusammenzuarbeiten. Doch scheint auch Inkompetenz eine frühzeitige Aufklärung verhindert zu haben: Das FBI suchte Ende August 2001 zwei Terrorverdächtige und spätere Attentäter in Südkalifornien. Es konnte sie nicht finden, obwohl einer von ihnen im Telefonbuch von San Diego stand, ein Bankkonto unter seinem Namen führte und ein Auto angemeldet hatte. Die Einwanderungsbehörde INS konnte 314 000 Personen nicht finden, die für eine Ausweisung anstanden.[11]

Wayne Madsen, Mitglied der Cyberrights-Lobby EPIC in Washington D. C., ehemaliger Mitarbeiter des US-Geheimdienstes National Security Agency (NSA) und des US-Innenministeriums, sagte angesichts dieser Pannen: »Die Geheimdienste brauchen ein besseres Management. Damit könnten schon 90 Prozent des Problems gelöst werden.«[12] Auf welche Weise müssten Behörden wie FBI, CIA und Einwanderungsbehörde also künftig miteinander arbeiten, um die Gefahren erkennen zu können?

Die terroristische Bedrohung durch Einzeltäter und Netzwerke verschiedener Herkunftsländer kann nicht mit militärischen Mitteln bekämpft werden. Doch auch die herkömmlichen Mechanismen des Strafrechts, die das Entdeckungsrisiko erhöhen und die Täter aus Angst vor Strafe abschrecken sollen, sind weitgehend wirkungslos. Als einziges Gegenmittel gilt die Prävention. Doch wie können Terroranschläge wirksam verhindert werden? In den USA gilt die Politik der Eindämmung und Abschreckung des Kalten Kriegs teilweise als überholt. Gegenüber Nordkorea wird sie zwar noch praktiziert, doch für den Irakkrieg galt die neue Devise der defensiven Intervention: Man muss eingreifen, bevor es der Feind tut. Intensiv diskutiert die westliche Staatengemeinschaft, ob Nachrichtendienste, Militär und Polizei für »asymmetrische Kriege« richtig organisiert sind. Diskutiert wird aber auch, ob militärische Alleingänge gegen »Schurkenstaaten« in einem permanenten Krieg gegen alle »Feinde Amerikas« tatsächlich eine sicherere Welt schaffen können. Benjamin Barber setzt gegen eine von Angst geprägte Welt der Präventivkriege die »präventive Demokratie«. Zivile Kooperation und Hilfe durch internationale Bürgerinitiativen mit grenzüberschreitenden Kontakten sollen »globale Formen demokratischen Regierens« entwickeln.

Zentralismus oder Vernetzung?

Was allerdings hätte die Anschläge vorhersehen beziehungsweise verhindern können? Eine zentrale Anlaufstelle, die alle relevanten Daten sammelt und analysiert und die Analysen bei Bedarf den betroffenen Stellen zur Verfügung stellt? Oder ein höherer Grad an Vernetzung der einzelnen Einrichtungen, ein effizienterer Informationsaustausch? In den USA entschied die Regierung, eine zentrale Behörde, das Ministerium für Heimatschutz, einzurichten. Das Ministerium soll alle Daten aus in- und ausländischen Quellen zentral sammeln, auswerten und entsprechende operative Maßnahmen zur präventiven Bekämpfung eines geplanten Terroranschlags ausarbeiten. Präsident George W. Bush bezeichnete die Errichtung des Ministeriums als die bedeutsamste Organisationsänderung seit 50 Jahren. Damals wurde der Nationale Sicherheitsrat eingerichtet. Anders als das deutsche Bundesinnenministerium ist das amerikanische Ministerium für Heimatschutz in der Lage, auch nachrichtendienstliche Informationen zu bündeln. Es ist auch in der Lage, ein gesamtstaatliches Krisenmanagement durchzuführen.

In Deutschland sind die Zuständigkeiten noch wie zu Zeiten des Kalten Krieges verteilt: Im Verteidigungsfall ist der Bund für den Zivilschutz, die Länder in der Friedenszeit für den Katastrophenschutz zuständig. Internationaler Terrorismus gefährdet jedoch innere und äußere Sicherheit gleichermaßen. Rettungsdienst, Brandschutz, Technisches Hilfswerk, Zivil- und Katastrophenschutz sind nicht so miteinander verzahnt, wie es angesichts der Bedrohungsszenarien nötig wäre. Bereits Naturkatastrophen, wie Hochwasser, zeigten in den letzten Jahren, dass etliches zu verbessern ist. So war etwa während der »Jahrhundertflut« im Sommer 2002 das derzeit genutzte Funknetz in Sachsen wegen Überlastung mehrfach zusammengebrochen. Einsatzkräfte der Polizei, der Feuerwehr und der Hilfsorganisationen konnten sich nicht mehr miteinander verständigen.[13] Ein bundesweit funktionierendes digitales Funknetz steht in den Sternen. Die Fußballweltmeisterschaft 2006 sollte digitalen Polizeifunk bringen, doch die Länder konnten sich nicht einigen, wie die Milliardenkosten untereinander aufzuteilen sind.[14] Im Oktober 2001 nahm der Bund zur flächendeckenden Warnung der Bevölkerung ein satellitengestütztes Warnsystem in Betrieb. Es ermöglicht, Warnmeldungen flächendeckend oder regional begrenzt über die Rundfunkanstalten zu verbreiten.

Der ehemalige Präsident des Bundesverfassungsschutzes, Eckart Werthebach, kritisiert, dass die Verteilung von Sicherheitsaufgaben in Deutschland auf Bund und Länder sowie unterschiedliche Behörden zur Folge hat, »dass in keiner der örtlich und sachlich zuständigen Behörden ein Gesamtbild entsteht und außerdem Detail- oder Einzelinformationen in ihrer Bedeutung nicht erkannt werden«.[15] Derlei Informationen würden nicht aufbewahrt und als so genannte Prüffälle auch nicht in gemeinsamen Dateien, auf die auch andere Sicherheitsbehörden zugreifen könnten, gespeichert. So ist es möglich, dass zwar mehrere Verfassungsschutzbehörden Hinweise auf bestimmte Terroristen bearbeiten. Da sie sich untereinander aber nicht unterrichten, entsteht kein Gesamtbild und die Gefahr wird somit von keiner Seite erkannt. »Erst das Zusammentragen von Mosaiksteinen ergibt ein Gesamtbild«, sagt Werthebach, »eröffnet gegebenenfalls sogar konkrete Fahndungsansätze und verbessert damit nachhaltig die Prävention.« Für Werthebach ist das der einzige Weg, die Zentralstellen in die Lage zu versetzen, »brauchbare Lageanalysen zu erstellen, die zu verwertbaren Gefährdungshinweisen führen und in verständliche Warnmeldungen umgesetzt werden können«. Dies gilt nicht nur für die Zusammenarbeit von Bundeskriminalamt und Landeskriminalämtern, dem Bundesamt für Verfassungsschutz und den Landesämtern, sondern auch für die internationale Zusammenarbeit der Ämter mit ihren ausländischen Partnern. Werthebach schlägt vor, ein Frühwarnsystem einzurichten und Vorsorge zu leisten, um der Bevölkerung im Falle eines Anschlags den bestmöglichen Schutz bieten zu können. Er sieht aber eher die Lösung darin, »zentralistische Organisationsformen« zu stärken, als bestehende Einrichtungen stärker miteinander zu vernetzen. Die Idee, eine Heimatschutzbehörde in Deutschland zu errichten, verwirft Werthebach jedoch. Die Zusammenlegung von Bundeskriminalamt und Verfassungsschutz wäre aus historischen Gründen ein Tabubruch. Mit einem »Bundesamt für Öffentliche Sicherheit« ließe sich eine »politisch wirksame Assoziation« mit dem Reichssicherheitshauptamt herstellen. Stattdessen plädiert Werthebach für die Einrichtung eines Sicherheitsberaters der Bundesregierung, der die Tätigkeiten von BND, Verfassungsschutz und Bundeskriminalamt in Staatsschutzangelegenheiten koordinieren soll.

So könnten alle einschlägigen Informationen an den Sicherheitsberater übermittelt und in eine Datenbank eingestellt werden, um systemimmanente Übermittlungsdefizite zu verringern. Datenschutzrechtlich könnte die europäische Polizeibehörde Europol ein Vorbild sein, wenn nur die jeweiligen nationalen Vertreter Zugriff auf die nationalen Bestände haben. Der Sicherheitsberater könne auf Basis der Daten die Sicherheitslage analysieren und bewerten sowie bundesweite Warnmeldungen herausgeben. Im Ernstfall würde er auch die Alarm- und Einsatzpläne von Bund und Ländern in Sachen Zivil- und Katastrophenschutz koordinieren.

Im Januar 2003 kündigte Präsident George W. Bush in seiner Rede zur Lage der Nation die Einrichtung des Terrorist Threat Integration Centers (TTIC) an. Es soll »die Kluft zwischen ausländischer und inländischer Analyse geheimdienstlicher Erkenntnisse zum Terrorismus schließen«. Das dem Central Intelligence unterstehende Zentrum soll Informationen des FBI, des Auslandsgeheimdienstes CIA, des Pentagons und des Ministeriums für Heimatschutz, dem bereits Informationen aller Geheimdienste zufließen, zusammenführen und analysieren. Aufgrund der Analysen soll es Bedrohungsszenarien entwickeln und als Aufsichtsbehörde für nationale Anti-Terror-Projekte dienen. Es soll den Geheimdiensten auch Schwerpunkte für ihre Datenerhebung setzen. Das Weiße Haus verfolgte dieselbe Idee wie Eckart Werthebach, eine Datenbank zu Personen einzurichten, die als Terroristen bekannt sind oder des Terrorismus verdächtigt werden.[16] Darin sollten der Militärische Abschirmdienst (MAD), der Bundesgrenzschutz und das Zollkriminalamt ihre Daten einspielen. Bundesinnenminister Otto Schily hingegen plädiert inzwischen dafür, die Sicherheitsbehörden auf Landesebene dem Bundeskriminalamt (BKA) oder dem Bundesverfassungsschutz zu unterstellen. Da sich die Länder dagegen aber hartnäckig sträuben, sollen Polizei und Geheimdienst zunächst ein gemeinsames Lagezentrum zur besseren Terrorbekämpfung betreiben, um den Informationsfluss zu beschleunigen. Nicht zuletzt die Panne von Polizei und Verfassungsschutz bei der Überwachung des »Kalifen von Köln«, Metin Kaplan, hatte der ganzen Republik die Koordinationsprobleme zwischen den Sicherheitsbehörden deutlich vorgeführt und Schilys Entschlossenheit, die Struktur der Sicherheitsbehörden zu verändern, gestärkt. Welche massiven Widerstände bei jeder Änderung des Status quo erwachen, zeigten die nach Protesten der Belegschaft einstweilig gestoppten Umzugspläne für das Bundeskriminalamt. Der BKA-Präsident musste seinen Hut nehmen, um Schaden von seinem obersten Dienstherrn, Schily, abzuwenden. Der politische Schmusekurs, den der Bundesinnenminister nach den Anschlägen vom 11. September gegenüber den Sicherheitsbehörden verfolgte, indem er massiv die Personal- und Sachmittel aufstockte, dürfte jedoch bald zu Ende sein.[17] Behutsam hatte er die Befugnisse der Behörden erweitert und auf eine Optimierung bestehender Informationswege gesetzt: Der Verfassungsschutz wurde personell und finanziell aufgestockt. Der Verfassungsschutz, die Landesämter für Verfassungsschutz sowie der Bundesnachrichtendienst, der Militärische Abschirmdienst und das Bundeskriminalamt erhielten das Recht, bei Banken sowie Luftfahrt, Finanz- und Telekommunikationsunternehmen Informationen über Verdächtige einzuholen. Damit wurde eine umfangreiche Recherche über Finanz- und Kommunikationswege von Personen ermöglicht, die im Verdacht stehen, extremistische Organisationen zu unterstützen oder ihnen anzugehören. So konnten Geldflüsse verfolgt und Bewegungsprofile erstellt werden. Seither verfügt das Bundeskriminalamt über die so genannte Ermittlungskompetenz bei schwerer Datennetzkriminalität. Gibt es Anhaltspunkte auf schwere Straftaten, darf es Informationen sammeln, ohne vorher klären zu müssen, ob entsprechende Informationen bei einem Landesamt schon vorliegen. Mit der Einrichtung eines geregelten Informationsaustauschs zwischen Bundesnachrichtendienst, Bundeskriminalamt und Verfassungsschutz knüpfte man auch an die Erfahrungen aus der Zeit des RAF-Terrors an. 1991 gab es nach der Ermordung von Alfred Herrhausen und Carsten Detlef Rohwedder eine Koordinierungsgruppe Terrorismus. Unter der Leitung des Bundeskriminalamts (BKA) führten die dort versammelten Terrorismusexperten der übrigen Sicherheitsbehörden alle Erkenntnisse und Hinweise über die RAF zusammen. 2001 richtete die Bundesregierung wieder eine Koordinierungsgruppe ein, die sich nun mit dem internationalen Terrorismus beschäftigen sollte. Regelmäßig und zu bestimmten Anlässen trifft sich eine Arbeitsgruppe des Bundeskriminalamts und des Bundesverfassungsschutzes, in die alle verfügbaren Informationen und Hintergrunderkenntnisse eingebracht werden. Wie diese Daten genutzt werden, entscheidet die Arbeitsgruppe einvernehmlich. Werthebach hält diesen von der Bundesregierung eingeschlagenen Weg jedenfalls für eine »beschränkt belastbare Hilfskonstruktion«. Denn grundsätzlich ist es dem Verfassungsschutz nicht erlaubt, dem Bundeskriminalamt personenbezogene Daten zu übermitteln. Diese dürfen nur die Landeskriminalämter erhalten. Es liege außerdem im Ermessen des einzelnen Sachbearbeiters, welche Informationen übermittelt werden und welche nicht. Anlassunabhängige personenbezogene Daten dürfen überhaupt nicht übermittelt werden. Insofern wäre nach geltender Rechtslage auch eine zentrale Terrorismus-Datenbank rechtswidrig. Werthebach hält deshalb in Deutschland eine ausreichende Prävention für »nicht erreichbar«. Andererseits scheint die Stärkung der personellen Strukturen durchaus Erfolg versprechend. So funktionierte die Bekämpfung der Hochwasserkatastrophe 2002 etwa nur dort reibungslos, wo sich die Entscheidungsträger bereits persönlich kannten und die Zusammenarbeit praktisch erprobt war.[18]

Kritiker wie Ralf Gössner sehen in der Koordinierungsgruppe bereits eine »institutionalisierte Überwindung des Trennungsgebotes« von Polizei und Geheimdienst. Dies laufe »auf eine Geheimpolizei mit nachrichtendienstlichen Mitteln hinaus, die der Polizei eigentlich nicht zustehen«.[19] Der schleswig-holsteinische Landesdatenschützer Thilo Weichert hingegen plädiert dafür, die Verfassungsschutzbehörden aufzulösen und ihre Aufgaben auf die Polizei zu übertragen. Er bemängelt die zunehmende Überschneidung von Aufgaben und Befugnissen, die eine rechtsstaatliche Kontrolle erschweren. Egoismen der Behörden führten überdies zu Fahndungspannen. Dieser zwar schlüssige, aber auch radikale Ansatz hat aber selbst unter der rot-grünen Regierung keine Realisierungschancen. Schließlich gelten bereits verschiedene Vorschläge, die auf die Zusammenlegung kleinerer Verfassungsschutzbehörden zielen, noch als gewagt. Über kurz oder lang, dies zeigte der Fall Kaplan, sind jedoch strukturelle Umbauten nicht mehr auszuschließen.

In den USA regelt der »Intelligence Authorization Act für das Haushaltsjahr 2004« die finanzielle Ausstattung der Geheimdienste sowie die Finanzierung von »Aktivitäten im Krieg gegen Terroristen auf globaler Ebene«.[20] Nicht nur der Präsident, sondern auch Geheimdienste und Strafverfolgungsbehörden erhielten mehr Befugnisse. Unterzeichnet hatte Präsident Bush das Gesetz am Samstag, den 13. Dezember 2003. Dies war insofern ungewöhnlich, als dass das letzte von Bush an einem Samstag unterzeichnete Gesetz ein Jahr zuvor eine Notmaßnahme war, die die Handlungsfähigkeit der Regierung am darauf folgenden Montag sicherstellen sollte. Auch fiel die Unterzeichnung mit der Veröffentlichung der Festnahme von Saddam Hussein zusammen. Kritische Medien mutmaßten, dies sei ein weiteres Beispiel für gekonntes Spin-Doctoring.[21]

Das Gesetz erweiterte die Geheimhaltung von geheimdienstlichen Aktivitäten und schränkte damit die Informationsfreiheit in den USA ein weiteres Mal ein: Geheim bleibt der Haushalt für die Geheimdienste, was zahlreichen unabhängigen Analysten den Einblick in die Entwicklung der Dienste verwehren wird. Zuvor gehörten die USA zu den wenigen Staaten, die dies ermöglicht hatten. Außerdem sicherte sich der Präsident das Recht auf der Grundlage der Verfassung zu, Informationen geheim zu halten, die »auswärtigen Beziehungen, die nationale Sicherheit, den Entscheidungsprozess der Exekutive oder die Leistung der verfassungsmäßigen Aufgaben der Exekutive beeinträchtigen können«. Geheimdienstmitarbeiter der CIA und der NSA dürfen Schusswaffen tragen und in Ausübung ihres Berufs Gewalt anwenden. Die CIA soll alle Behörden und Ministerien, die mit geheimen Informationen im Rahmen der nationalen Sicherheit zu tun haben, überprüfen, um »geheimdienstliche Quellen und Methoden vor ungenehmigter Veröffentlichung zu schützen«. Das Gesetz sieht jedoch auch vielfältige Berichtspflichten vor: So müssen die Geheimdienste dem Kongress berichten, welche Erfahrungen sie aus dem Irakkrieg ziehen konnten oder welche »konventionellen Waffen und Munition« im Irak »unter Verletzung bestimmter UN-Sicherheitsrat-Resolutionen seit der Invasion in den Kuwait im August 1990« gefunden wurden. Von Massenvernichtungswaffen ist ausdrücklich nicht die Rede.

Der »Intelligence Authorization Act« sieht außerdem die Einrichtung eines »Office of Intelligence and Analysis« im Finanzministerium vor. In diesem Zusammenhang wird der Begriff der »Finanzinstitutionen«, der bislang auf Banken beschränkt war, auf alle Institutionen erweitert, deren »Geldtransaktionen einen großen Nutzen für kriminelle, steuerliche oder gesetzliche Angelegenheiten besitzen«. Betroffen sind damit nicht nur Börsen- oder Autohändler, Kreditkartenunternehmen oder Versicherungsgesellschaften, sondern auch Fluglinien, Reisebüros, die Post oder auch Juweliere. Aufgrund dieser Begriffserweiterung darf nun auch das FBI mit Vorlage eines »National Security Letters« die Kundendaten dieser Einrichtungen einsehen. Eine richterliche Anordnung ist nicht nötig, ebenso wenig muss das FBI begründen, ob die betroffene Person eines Vergehens oder des Terrorismus beschuldigt wird.

Rettungsanker Data-Mining

Schnell konzentrierten sich die Hoffnungen der Politik auf den Einsatz von Informationstechnologien. Data-Mining-Programme, so versprachen sich die Politiker, könnten aus dem Datenmeer von polizeilichen und geheimdienstlichen Datensammlungen, aber auch von Banken, Telefongesellschaften, Internet-Providern und Transportgesellschaften verdächtige Verbindungen herausfiltern. Kriminelle und terroristische Aktivitäten hätten so im Voraus erkannt und verhindert werden können. Die Entwicklung der Informations- und Kommunikationstechnologien in den letzten Jahrzehnten nährt diese Erwartungen: Immer schneller rechnende Prozessoren verarbeiten Datenmengen, die auf immer leistungsfähigeren Speichermedien gespeichert werden können. Millionen von Rechnern sind wiederum miteinander verbunden, um Daten auszutauschen. Und die Datenmengen sind längst ein unübersichtliches Datenmeer: Bürger hinterlassen im öffentlichen wie privaten Sektor unzählige Datenspuren. Angeblich sollen 90 Prozent aller gesammelten Informationen noch ungenutzt in den Datenspeichern der Unternehmen schlummern.[22] Behörden und Unternehmen sammeln mit den unterschiedlichsten Erhebungsmethoden wie Videoüberwachung, DNA-Analyse, Biometrie und Telekommunikation immer mehr Daten: Die Videoüberwachung wird zunehmend nicht nur auf öffentlichen Plätzen, sondern auch in Kaufhäusern, Einkaufspassagen, Bussen, Bahnen und Privatgrundstücken eingesetzt. Die Gentechnik verspricht, Veranlagungen und Krankheitsdispositionen von Menschen zu analysieren. Dazu reichen schon kleine Blut- oder Speicheltropfen, einzelne Haare. Die Polizei sieht in der DNA bereits die Weiterentwicklung des Fingerabdrucks: Sie setzt verstärkt auf die Sicherung von DNA-Tatortspuren und Speicherung in der DNA-Analysedatei.[23] Biometrische Daten von Gesicht, Fingern, Händen oder der Augeniris sollen künftig weltweit bei Ausweiskontrollen sicherstellen, die richtige Person zu identifizieren. Auch Telekommunikationsverbindungsdaten versprechen ergiebige Datenanalysen. Sie geben Aufschluss darüber, wer mit wem wann telefoniert, gefaxt oder gemailt hat. Sie dokumentieren, wer wann welche Website besucht hat. Aus den Datenmassen könnten Strafverfolger Persönlichkeits- und Bewegungsprofile entwickeln, die detailliert Auskunft über Freundschafts- oder eben auch Terrornetzwerke geben können.

In Deutschland versuchten Fahnder schon Ende der 70er Jahre mit Hilfe von Data-Mining Terroristen aufzuspüren. Der damalige Leiter des Bundeskriminalamts, Horst Herold, setzte auf den »Kommissar Computer«. Bei der Bekämpfung der RAF hatte die Rasterfahndung teilweise Erfolge erzielt, doch in der Bevölkerung wuchs die Skepsis gegenüber der umfassenden Datenerhebung und -auswertung. Als die Rasterfahndung auch die organisierte Kriminalität bekämpfen helfen sollte, versagte sie. Ein Revival erlebte sie erst wieder mit der von Bundesinnenminister Otto Schily ausgerufenen Jagd auf die »islamistischen Schläfer«. Doch auch hier ist kein Fall bekannt, der aufgrund der Rasterfahndung direkt aufgeklärt werden konnte. Die Idee, aus Datenmassen wertvolle Erkenntnisse zu gewinnen, ist gleichwohl faszinierend. Erfolg verspricht sie dann, wenn klar strukturierte Daten nach auffälligen Mustern durchsucht werden sollen.

Die Analyse der Markle Foundation scheint überzeugend zu sein: Durch die Auswertung der vorliegenden Flugdaten und Identifikationsdaten hätten die Anschläge vom 11. September womöglich verhindert werden können. Anfang 2002 gründete das US-Verteidigungsministerium in der Forschungsabteilung des Pentagons das »Information Awareness Office« (IAO). Das Büro sollte ein Data-Mining-System entwickeln, das aus allen möglichen privaten und öffentlichen Informationen Muster terroristischer Aktivitäten herausfiltern könnte. Das Projekt erhielt zunächst den ambitionierten Namen »Total Information Awareness«, was mit dem Begriff »totales Lagebild« übersetzt werden kann. Die Vorstellung eines umfassenden Lagebilds steht auch hinter der Modernisierung der US-Streitkräfte. Der Faktor »Information« spielt eine größere Rolle als je zuvor: Aufklärungsmittel am Boden, in der Luft und im Weltraum sollen mit den Geheimdiensten, der Führungs- und Kommandoebene sowie mit den Waffensystemen und Soldaten vernetzt werden. Das Ergebnis ist ein umfassendes und hochpräzises Lagebild: Die Einsatzführung weiß immer, wo sich welche Einheit befindet, wie groß ihre Verluste sind. Auch weiß sie, ob sie noch genug Treibstoff, Munition und Waffen hat. Jede Einheit, jeder Pilot, jeder Panzerkommandant kann über das hochpräzise Lagebild verfügen. Jeder kennt zudem die Absicht der Führung genau. So können sich alle Einheiten eigenständig aufeinander abstimmen. Befehlsketten werden drastisch verkürzt.

Diese Idee des Lagebilds wurde auf den Bereich der Strafverfolgung übertragen: Möglichst viele Daten über Bürger zusammentragen, um möglichst zeitnah zu erfahren, ob und wo sich einschlägige Brennpunkte kriminellen oder terroristischen Treibens bilden. Es ist genau die Vision, die auch schon Horst Herold in den 70er Jahren von einer präventiven Polizeiarbeit hatte. Die amerikanischen Bürgerrechtsorganisationen liefen gegen die Vorstellung, man könne nur dann präventiv handeln, wenn man möglichst viel überwachen könne, Sturm. Vor allem die geplante Überwachung von US-Bürgern kritisierten sie scharf.[24] Der Senat lehnte deshalb bei der Verabschiedung eines Haushaltsgesetzes im Januar 2003 einen entsprechenden Gesetzentwurf ab und schränkte das Projekt ein. Die Regierung benannte das Projekt daraufhin in »Terrorism Information Awareness« um, um den Fokus stärker auf die Terrorismusbekämpfung zu legen. Das Projekt fasste jedoch Maßnahmen zusammen, die auch die Zivilgesellschaft in die Terrorismusbekämpfung integrieren sollten: Der Kern des Projekts bestand im Aufbau einer gigantischen Datenbank, die Angaben von Flugtickets, Bahnfahrkarten, Visaanträgen, aber auch Daten zu E-Mails, finanziellen Transaktionen sowie medizinische Daten, Ausbildungsdaten und biometrische Daten enthalten sollte. Komplexe Auswertungsverfahren würden die Absicht von Terroristen erkennbar machen. Das IT-System sollte Handlungsoptionen vorschlagen, um die so erkannte Bedrohung abwehren zu können. Der damalige Leiter des Programms, Admiral John Poindexter, zeigte sich davon überzeugt, dass man Terroristen schon im Vorfeld aufspüren könne, wenn nur genügend Datenmaterial zur Verfügung stünde. Überzeugend war diese Vorstellung jedoch nicht: Am 20. Mai 2003 legte die Pentagon-Forschungsabteilung DARPA dem Kongress einen Bericht vor.[25] Senat und Repräsentantenhaus beriefen einen gemeinsamen Ausschuss ein, der das weitere Vorgehen beriet. In der Folge wurden im Gesetz zum Verteidigungshaushalt für das Jahr 2004 sämtliche finanziellen Mittel für die Forschung und Entwicklung des riesigen Data-Mining-Programms gestrichen. Das Pentagon musste das Projekt einstellen und darf nun lediglich einige andere Projekte weiterentwickeln. Die weitere Entwicklung von Überwachungstechnologien muss das Repräsentantenhaus zukünftig ausdrücklich genehmigen.

Bislang zeichnet sich der Gebrauch eines Überwachungssystems ab, das eine Art Rasterfahndung für Reisende in die USA darstellt.

Das von der Transportation Security Administration entwickelte Flugpassagier-Kontrollsystem CAPPS II[26] stuft Passagiere mit einem Farbsystem in verschiedene Risikokategorien ein: »Grün« für »minimales Risiko«, »Gelb« für »erhöhte Sicherheitsmaßnahmen« und »Rot« für »Sicherheitspersonal alarmieren und etwaige Festnahme einleiten«. Innerhalb von fünf Sekunden soll das System im Abgleich mit US-Geheimdienstdaten eine Analyse und Risikoabschätzung erstellen und Terroristen identifizieren können.[27] Andreas Dietl, EU-Büroleiter der Organisation European Digital Rights, weiß: »Die Daten des CAPPS-II-Systems werden direkt an das US-VISIT-Datennetz weitergegeben, auf das eine breite Palette von US-Behörden inklusive der Geheimdienste Zugriff haben.« Die US-Zollbehörden haben seit März 2003 Zugriff auf das europäische Buchungssystem Amadeus. Die Zugriffe wurden weder technisch auf bestimmte Datensätze eingeschränkt noch protokolliert. In Testläufen wurden schon im Dezember 2003 europäische Flugpassagierdaten von den US-Zollbehörden in das Flugpassagier-Kontrollsystem eingespeist. Falls die europäischen Fluggesellschaften den Datenzugriff verweigert hätten, hätten die USA ihnen die Landerechte laut dem »US Aviation and Transport Security Act« entziehen können.

Der ehemalige US-Vizepräsident Al Gore, selbst ein durchaus technikaffiner Mensch, meint, die Suche nach Terroristen gleiche der nach einer Stecknadel im Heuhaufen. Würden alle erdenklichen Daten gesammelt und verarbeitet, werde der Heuhaufen nur größer und das Auffinden schwieriger.[28] Bruce Schneier zeigt sich noch skeptischer: Er ist der Ansicht, dass erst nach einer Bewertung der Fakten eine gezielte Suche nach einzelnen Stecknadeln überhaupt möglich sei. Erst nach dem 11. September konnten die Daten in einen sinnvollen Zusammenhang gebracht werden, vorher seien die Ermittler in den Datenmassen schier ertrunken.[29] Wie schwierig es ist, Informationsfluten zu bewältigen, führte das rasante Wachstum des World Wide Web und seiner Datenbanken auch normalen Internetnutzern vor Augen.

Die Frage nach der Effektivität der Maßnahmen sowie ihrer Verträglichkeit mit Grundrechten wird oftmals von den Entscheidungsträgern nicht gestellt. Dagegen ist es oft der Datenschutz, der dafür herhalten muss, wenn sich polizeiliche Maßnahmen als unwirksam erweisen. So erklärte etwa Bundesinnenminister Otto Schily unmittelbar nach den Terroranschlägen, jetzt müsse der Datenschutz »etwas tiefer gehängt« werden – das vor dem Hintergrund, dass ganz andere Faktoren die Prävention der Anschläge verhindert hatten. Dazu der ehemalige schleswig-holsteinische Landesdatenschützer Helmut Bäumler: »Wer immer nur suggeriert, Polizei und Geheimdiensten seien durch ›zu viel Datenschutz‹ die Hände gebunden, der lenkt die Aufmerksamkeit des Publikums geschickt von der Frage ab, was die technisch und rechtlich hochgerüsteten Sicherheitsbehörden mit den zusätzlichen Eingriffsbefugnissen der letzten Jahre Positives bewirkt haben.«[30] Allein die Telefonüberwachung wurde bislang wissenschaftlich auf Herz und Nieren geprüft. Über den tatsächlichen Erfolg anderer Instrumente der Strafverfolgung weiß die Öffentlichkeit nichts Genaues. Die Überprüfung und Kontrolle ist umso dringender, seitdem sich die Politik nach dem 11. September in der Abwägung zwischen Sicherheit und Freiheit dafür entschieden hat, immer mehr Eingriffe in das private Leben von Bürgerinnen und Bürgern zu unternehmen. Nur eine gründliche Effizienzkontrolle kann eine sorgfältige Abwägung des Grundrechts auf informationelle Selbstbestimmung gegen die Sicherheits- und Schutzbedürfnisse des Staates gewähren. Gründliche Rechenschaftspflichten, die dem Staat eine transparente Entscheidungsfindung abverlangen, können dafür sorgen, dass der Bürger das Handeln seiner Regierung nachvollziehen kann. Eine Abkehr vom Regelfall »Amtsgeheimnis« und eine Öffnung der Behörden für Bürgeranfragen, für die etwa ein Informationsfreiheitsgesetz sorgen könnte, würde die Dialogfähigkeit des Staates wie des Bürgers stärken. Mehr Transparenz ist letztlich die Basis bürgerlichen Vertrauens in den Staat. Und das Gegenteil von Panikmache.

Blick in die Zukunft

Die Attentäter rechneten mit 80 000 Toten. Der Giftgasanschlag im jordanischen Amman sollte alle bisherigen Anschläge weit übertreffen. Verhindert wurde er im April 2004 nur, weil die Täter während der langen Vorbereitungsphase aufflogen. Welche Bedrohungsszenarien müssen entworfen werden, damit sich Politik und Gesellschaft auf solche Anschläge, auf solche Täter einstellen können? Denn wer sich vor Gefahren schützen will, muss sie imaginär vorwegnehmen. »Wir müssen schon die Gewitterneigung erkennen und dürfen nicht erst handeln, wenn der Blitz einschlägt«, sagt Bundesinnenminister Otto Schily. Er suggeriert, man könne mit seismographischer Genauigkeit eine Art Wetter- und Erdbebenfühligkeit für Terroranschläge entwickeln. Doch in Wahrheit rücken mit dem Ruf nach einer Früherkennung künftiger Gewaltexzesse das Prognostische und das Imaginäre ins Zentrum des politischen Denkens. Man erwartet von denjenigen, die von Staats wegen mit Sicherheitsfragen befasst sind, dass sie sich alle erdenklichen Bedrohungen ausmalen. Sie sollen reagieren, bevor die Gewalt ihren Lauf nimmt. Dabei scheinen der Fantasie des Schreckens keine Grenzen mehr gesetzt: Die 80 000 Toten von Amman sind bereits eine gewaltige Extrapolation der bisherigen Terroropfer in aller Welt.

Mit dem wachsenden Schrecken geht ein Abbau der Bürgerrechte einher, wie er seit 1945 in Deutschland unmöglich war. Den Staat gilt es nicht mehr als Leviathan zu bezwingen. Die Vision von George Orwells »1984« und das Trauma der nationalsozialistischen Herrschaft bestimmten nicht länger die Gedanken an einen angemessenen Datenschutz und an »informationelle Selbstbestimmung«. Liberale Positionen gelten als libertäre Verirrungen. Nach den Terroranschlägen vom 11. September nahmen Journalisten, Politiker und Sicherheitsexperten die Terrorbekämpfung von FBI und CIA unter die Lupe und zeigten vielfach Versäumnisse auf. Richard Clarke enthüllte die Ignoranz der US-Regierung hinsichtlich Al-Qaida. Man hätte es besser wissen können, hätte man nur alle Anzeichen richtig gedeutet. Wie aber lässt sich angesichts des sich wie eine Hydra verbreitenden Terrorismus dieser vorsorgliche Deutungsprozess noch optimieren? Inzwischen sind zwischen CSU und SPD alle Mittel der Prävention diskussionsfähig – von der Abschiebung von Ausländern, die politisch inkorrekte Äußerungen wagen, bis hin zur Sicherungsverwahrung verdächtiger Mitbürger. Oder auch das präventive Sammeln personenbezogener Reisedaten bei Fluggesellschaften und das Zusammentreffen dieser und anderer Daten in einer gemeinsamen Datenbank von Polizei und Geheimdiensten. Computersysteme sollen die unterschiedlichsten Bedrohungsszenarien durchexerzieren und die Menschen auf die – imaginären – Schreckensszenarien vorbereiten.

Erprobter Ernstfall

Komplexe Computer- und Visualisierungssysteme verleihen den Szenarien Glaubwürdigkeit und den Verfechtern der sicherheitstechnischen Aufrüstung und bürgerrechtlichen Abrüstung die argumentative Munition. In den USA proben verschiedene Behörden mit Hilfe solcher Systeme den Ernstfall. Basierend auf Luftaufnahmen können sie jede beliebige Stadt virtuell binnen weniger Wochen in einer 10-Zentimeter-Auflösung dreidimensional nachbilden. In der virtuellen Darstellung lassen sich verschiedene Szenarien durchspielen: Besucht etwa der amerikanische Präsident eine ausländische Stadt, kann sein Personenschutz mit Hilfe der Simulation die Sichtachsen möglicher Scharfschützen prüfen und Schutzmaßnahmen nicht nur planen, sondern auch virtuell erproben. Neben den Geoinformationsdaten zu Straßen, Gebäuden und Bodenbeschaffenheit kann die Simulation auch die Verkehrsentwicklung und die Wetterbedingungen berücksichtigen. So kann etwa je nach Windrichtung und -stärke die Wirkung von Anschlägen mit nuklearen, biologischen und chemischen Waffen kalkuliert werden: Vor den Olympischen Spielen in Salt Lake City 2002 simulierten die Organisatoren mit Hilfe von SGI-Rechnern die Sportereignisse, das Krisenmanagement und Evakuierungsmaßnahmen.

Die Kosten für die olympische Sicherheit für 2004 veranschlagen die Griechen auf eine Milliarde Euro. Sie investieren unter anderem in rund 2000 Überwachungskameras, ein neues britisch-amerikanisches Computersystem (Distributed Digital Video Arrays), das mögliche Attentäter bereits durch deren Gangart oder durch Handbewegungen identifizieren soll. Außerdem sollen Hochleistungsmikrofone Menschen in der Stadt belauschen und bei verdächtigen Worten Alarm schlagen. In den U-Bahnen liegen 24000 Gasmasken bereit, bis zu 70000 Uniformierte werden Stadien, Hotels und Flughafen kontrollieren. Für militärischen Begleitschutz ist gesorgt: Die Nato soll mit 15 Schiffen die Wasserwege und mit Awacs-Flugzeugen den Luftraum sichern. Die Planspiele der in der »Olympic Advisory Group« vertretenen Sicherheitsexperten berücksichtigen von Schiffsentführungen bis zu Attacken mit radioaktiv verseuchten Sprengsätzen eine breite Palette möglicher Bedrohungen.

Unvorhergesehene Ereignisse können dennoch eine scheinbar perfekte Planung obsolet machen. Zukunftsforscher nennen diese überraschenden Störereignisse »wild cards«. Sie sind wenig wahrscheinlich. Treten sie jedoch ein, zeigen sie große Wirkung. Als »wild cards« könnten etwa der Reaktorunfall von Tschernobyl, das Erdbeben im japanischen Kobe oder auch die Terroranschläge vom 11. September 2001 gelten. Politische Ereignisse wie die Ermordung John F. Kennedys oder der CDU-Spendenskandal gehören ebenfalls in diese Kategorie.[1] Gleichwohl üben Zukunftsszenarien auf Entscheidungsprozesse in der Gegenwart eine große Macht aus. Je genauer und ästhetisch anspruchsvoller sie ausgemalt werden, desto überzeugender erscheinen sie. Politiker und Sicherheitsexperten sind hier sicherlich anfällig für Ideen, die Schriftsteller in Romanen zu komplexen Handlungsszenarien ausarbeiten oder Regisseure in Science-Fiction-Filmen mit vielen sorgfältig ausgestalteten Details ausmalen. Bei der Premiere des Umweltkatastrophenfilms »The Day after tomorrow« von Roland Emmerich raschelte es nicht nur deshalb so laut im Blätterwald, weil der Film die Apokalypse mit Hilfe von Simulationsrechnern so schön inszenierte und überdies im Titel auf einen der politisch einflussreichsten Filme der friedensbewegten 80er Jahre, nämlich »The Day after« anspielte. Faszinierend für die Feuilletonisten weltweit war, dass der Film die von der Klimaschutzpolitik des US-Präsidenten George W. Bush ignorierten wissenschaftlichen Forschungsergebnisse im Zeitraffer zusammensetzte. Durch die Macht seiner bildgewaltigen Extrapolation versprach er, die amerikanischen Zuschauer nach jahrelangem Schweigen der Öffentlichkeit gegen die US-Klimapolitik und damit gegen den amtierenden Präsidenten im Wahljahr zu mobilisieren.[2] Umweltaktivisten und Oppositionspolitiker begriffen den Film sofort als Steilvorlage. Die Regierung und Lobbygruppen hingegen bereiteten sich auf Publicity-Krisenmanagement vor – denn der Film kennt nur zwei Schuldige: die Wirtschaft und die Politik.

Kollektive Fantasien

Die Moderne ist das Ergebnis eines rasanten wissenschaftlichen Erkenntnisprozesses, der sich in der Entwicklung neuer Techniken zur Beherrschung unserer Umwelt niederschlug. Spätestens seit Beginn der Industrialisierung im 19. Jahrhundert prägt die technische Entwicklung unsere Lebensbedingungen ganz entscheidend. Zwar wissen wir nicht, wie wir in zehn, fünfzig oder hundert Jahren leben werden, doch versuchen wir mehr oder weniger zuverlässige Prognosen schon allein aufgrund unserer Kenntnis über die Entwicklung neuer Technologien, sozialer und wirtschaftlicher Regeln zu treffen. Auch Sicherheitsexperten und politische Entscheidungsträger entwickeln auf Grundlage dieser Prognosen die unterschiedlichsten Szenarien, auf deren Basis Katastrophenübungen durchgeführt werden. Auf diese Weise können Handlungsabläufe erprobt und Lösungen für auftretende Schwierigkeiten entwickelt werden.

Welche Wirkung sorgfältig entworfene Katastrophenszenarien zeitigen können, führte jüngst der Zürcher Kulturwissenschaftler Philipp Sarasin in seiner Diskursanalyse »Anthrax. Bioterror als Phantasma« vor:[3] Warum ausgerechnet biologische Massenvernichtungswaffen nach dem 11. September in der amerikanischen Terrorbekämpfung eine kriegsentscheidende Bedeutung erlangten, obgleich die Anschläge selbst ja mit zivilen Flugzeugen bewerkstelligt worden waren, ist nach Sarasin nur mit der Macht des kollektiven Imaginären zu erklären. Sie ließ Entscheidungsträger mit Inbrunst die These vertreten, dass der Irak fähig sei, einen Teil seiner biologischen und chemischen Massenvernichtungswaffen innerhalb von 45 Minuten einzusetzen, obwohl ehemalige UN-Waffeninspekteure glaubhaft versicherten, es gäbe im Irak keine B-Waffen mehr.[4] Zwar mag es sein, dass die Energieversorgungsinteressen der USA letztlich hinter dem völkerrechtswidrig geführten Irakkrieg gestanden haben, und auch die Vision einer demokratischen Initialzündung im Nahen Osten könnte verlockend gewesen sein. Doch das Argument, der Irak besäße biologische Massenvernichtungswaffen, war für die Bush-Regierung zumindest nach außen so überzeugend, dass es zum Hauptargument der Kriegsbefürworter wurde. Warum konnte es eine solch große Glaubwürdigkeit entwickeln? Bereits die Clinton-Administration hatte sich gründlich auf etwaige bioterroristische Gefahren vorbereitet: Zwischen 1998 und 2001 führte sie fast wöchentlich eine Antiterrorübung durch. Zwei Drittel der Übungen gingen von bioterroristischen Szenarien aus. Als nach dem

11. September Anthrax-Briefe von immer noch unbekannten Tätern[5] verschickt wurden, schien deshalb die Wahrscheinlichkeit weiterer Anschläge hoch, die Existenz biologischer Massenvernichtungswaffen in »Schurkenstaaten« wie dem Irak wahrscheinlich. Die Vorstellung vom Terror als Infektion generierte das Bild von tödlichen terroristischen »Zellen«, die sich ungehindert zu vermehren drohten und die es, auch gegen den ausgesprochenen Willen der Völkergemeinschaft, mit welchen Mitteln auch immer zu eliminieren galt. Schon Bill Clinton hatte sich mit dem Thema Bioterror beschäftigt, nachdem er auf Empfehlung von Craig Venter Richard Prestons Roman »The Cobra Event« von 1997 gelesen hatte. Sarasin führt den Roman als Beleg dafür an, wie Erzähl- und Vorstellungsweisen der Literatur die Realität politischer Handlungen beeinflussen können. Preston lässt hier einen Einzelgänger in New York und Washington mit Biobomben und -granaten Angst und Schrecken verbreiten. Die Waffen enthalten ein rekombinantes Virus namens »Cobra«, das Menschen zunächst wie Schnupfen befällt, dann aber rasch das Gehirn zersetzt und so nach wenigen Tagen den Tod herbeiführt. Entwickelt wurde das Virus von einem internationalen Biotechnologiekonzern, in dem unter anderem auch russische Wissenschaftler arbeiten, die früher am sowjetischen Biowaffenprogramm beteiligt waren. Der Konzern unterstützt unter anderem auch die Biowaffenproduktion in einem mobilen Labor im Irak, wie zwei amerikanische UN-Inspekteure auf einem nicht zuvor genehmigten Kontrollgang gegen den Willen ihres französischen Chefs herausfinden. Nachdem eine Schülerin und ein Obdachloser Opfer einer ersten Testreihe des ehemaligen Konzernmitarbeiters wurden, läuft bei den staatlichen Behörden die Suche nach der Ursache an. Die Arbeit der Behörden, die mit futuristischen DNA-Erkennungsgeräten arbeiten, schildert Preston minutiös und entwirft dabei ein Katastrophenszenario, das in der US-Innen- und Außenpolitik nachhaltigen Eindruck hinterlassen hat. Preston schiebt immer wieder historische Rückblenden ein, die die Entwicklung des amerikanischen und russischen Biowaffenprogramms schildern, er zeigt die Mikroskopaufnahme eines

im Buch geschilderten Schmetterlingsvirus und im Anhang erklärt er biologische Termini. Allein ausgesuchte Experten könnten das von ihm entworfene Szenario bewerten, für den Durchschnittsleser sind Fiktion und Fakten nicht immer zu trennen. Die Darstellungen, beteuert Preston im Vorwort, seien »real oder basieren auf dem, was möglich ist«. Nach der Lektüre erkundigte sich Bill Clinton, ob ein Terrorist mit Designerviren tatsächlich eine Epidemie auslösen könnte. Der damalige stellvertretende Verteidigungsminister, John Hamre, bestätigte nach der Lektüre, dass das Szenario plausibel sei. Darauf machte Clinton den Roman zur Pflichtlektüre für seine Berater, und der Autor berichtete bald darauf als Experte vor mehreren Senatskomitees über die bioterroristische Bedrohung.[6]

Als 2001 nach den Terroranschlägen die ersten Anthrax-Briefe kursierten, war jedem Beobachter klar, dass dies nur die ersten Anzeichen einer gewaltigen Bedrohung sein konnten. Aber wie der Dichter Botho Strauß beobachtete: »Gegenwärtig ist den meisten kaum mehr ihre Gegenwart, sondern irgendein Zukunftsszenario, das Schlüsse aus ihr zieht. Diese Schlüsse beeinträchtigen die Erfahrungswachheit in der unerschlossenen Gegenwart.«[7] Die Szenarien verstellen den Blick auf das, was ist, weil sie das in den Vordergrund der Wahrnehmung rücken, was sein könnte. Visionen können eine solche Kraft entwickeln, dass sie die Gestaltung der Gegenwart beeinflussen. Sie entstammen nie einem bedeutungsleeren Raum, sondern unserer Kultur, unserem Erfahrungshorizont. Wie Viren docken sie an die Rezeptoren unserer Erkenntnisfähigkeit dann erfolgreich an, wenn unsere Bereitschaft, die Gegenwart wahrzunehmen und zu analysieren, geschwächt ist.

Während bei Preston die Behörden auf den Spuren des Virus nach einem verrückten Wissenschaftler fahnden, fahnden so genannte Biocops in dem Roman »Die siebte Geißel« der US-Autorin Ann Benson nach Menschen, die Viren in sich tragen. Dieses Szenario hatte bislang keinerlei Einfluss auf politische Entscheidungen, doch es führt eine Gesellschaft unter Generalverdacht vor: Verdächtig sind nicht nur die, die krank sind, sondern krank werden könnten.

Jeder Mensch ist der potenzielle Überträger einer tödlichen Krankheit. Die drastischen Vorsorgemaßnahmen des Gesundheits- und Polizeisystems werden daher konsequent auf alle Staatsbürger ausgedehnt. Die kollektive Sicherheit hat Vorrang vor jeder individuellen Freiheit. Benson geht der Frage nach, wie eine Gesellschaft funktionieren könnte, die eine Seuche überlebt hat, aber nun über keine wirksamen Antibiotika mehr verfügt. In ihrem Szenario werden etwa Bürger von Biopolizisten vorsorglich »gescreent«, das heißt jede Körperfunktion, jeder DNA-Baustein wird mittels einer Art invasiver Computertomographie aufgezeichnet und in eine globale Datenbank eingespeist. Allein aufgrund der DNA-Daten können Fahnder Phantombilder von verdächtigen Personen erstellen. Jedes Haar, jede Hautschuppe wird so zur Spur. Menschen können auf Basis der mit dem Bioscreening gewonnenen Daten bei Personenkontrollen oder auch dem Durchschreiten von unsichtbaren Sicherheitsbarrieren eindeutig identifiziert werden. Auf diese Weise sollen die ersten Anzeichen eines weiteren Seuchenausbruchs schnell unter Kontrolle gebracht werden können. Wer sich der körperlich durchaus nicht angenehmen Untersuchung verweigert, darf präventiv liquidiert werden.

Auch die Vision, Terroristen und Straftäter bereits zu einem Zeitpunkt entdecken zu können, zu dem die Tat noch nicht verübt wurde, ist vor allem für Politiker faszinierend. Die Angst einer Bevölkerung vor weiteren schmerzhaften Verbrechen und Anschlägen reflektierend, dehnen sie Grenzen der präventiven Verbrechensbekämpfung, ja der präventiven Kriege gegen den Terror immer weiter aus. Mit der Ausweitung der Kampfzone verlieren differenzierte Argumentationsmuster an Überzeugung.

Hollywood-Regisseure entwarfen in den letzten Jahren mit »Minority Report« und »Gattaca« bereits entsprechende Zukunftsszenarien. Mit Hilfe neuer Überwachungstechnologien werden Menschen vorsorglich daran gehindert, gegen Normen zu verstoßen. Der im Herbst 1997 erschienene Science-Fiction-Thriller »Gattaca« beschäftigt sich mit den Konsequenzen der pränatalen Diagnostik. Jeder Mensch kann anhand seiner DNA zweifelsfrei identifiziert werden. Bereits vor der Geburt eines Menschen bestimmen die Gene seine Lebensperspektive: Nur mit perfekten Erbanlagen ausgestattete Kinder haben eine Zukunft. Omnipotente Biomediziner helfen Eltern, ihr perfektes Wunschkind im Reagenzglas zu entwerfen. Die Figur Vincent hat jedoch Pech gehabt. Seine Eltern entschieden sich für die natürliche Fortpflanzung. Sie riskierten damit, ein Kind zu bekommen, das körperlich nicht perfekt sein würde. Tatsächlich wird Vincent wegen seiner körperlichen Schwächen nie zur Elite gehören. Er arbeitet in einer Putzkolonne, dennoch will er als Gattaca-Pilot die Galaxis erforschen. Als er auf Jerome stößt, der zwar die besten Gene hat, seit einem Unfall aber an den Rollstuhl gefesselt ist, bietet sich ihm ein Ausweg: Jerome spendet ihm DNA-Proben, um die allgegenwärtigen Kontrollgeräte auszutricksen. Denn nur als Jerome hätte Vincent eine Chance, seinen Lebenstraum zu verwirklichen. Die Identität eines Bürgers wird in Gattaca anhand seiner DNA-Daten überprüft. Stimmt bei einer Kontrolle das Ergebnis des sekundenschnellen DNA-Testes mit dem gezeigten Ausweis überein, ist die Identität verifiziert. Für die Standardtests entnehmen Eierstechern ähnliche Apparate Blut aus dem Finger. Sicherheitsbeamte überprüfen die Umgebung auf der Suche nach einer verdächtigen Person, indem sie auch ausgefallene Haare oder Hautpartikel sammeln, die etwa bei der Benutzung eines Computers in die Tastaturrillen gefallen sind. Für eine gewisse Zeit gelingt es Vincent, mit einer ganzen Reihe von Vorsorgemaßnahmen das feinmaschige Kontrollsystem zu überlisten, doch dann kommen ihm die Fahnder doch auf die Spur.

Den Präventionsgedanken treibt Regisseur Steven Spielberg mit dem 2002 erschienenen Science-Fiction-Thriller »Minority Report« auf die Spitze. Der Film basiert auf einer Kurzgeschichte von Philip K. Dick aus dem Jahr 1965[8]: Eine Sondereinheit der Polizei verhaftet im Washington D.C. des Jahres 2054 potenzielle Mörder, noch bevor diese zur Tat schreiten können. Möglich macht dies eine fortgeschrittene Informationstechnologie in Kombination mit den hellseherischen Fähigkeiten drogengeschädigter Menschen. Das System funktioniert einwandfrei. Die Unschuldsvermutung gilt für die Bürger Washingtons nicht mehr. Die Mordrate des Distrikts Columbia liegt dank des »Pre-Crime«-Projekts bei null. Als ein FBI-Beamter sich danach erkundigt, mit welcher Genauigkeit das System künftige Verbrechen erfasst, antwortet man ihm: »Ich bin zwar nicht die ACLU, aber ...« Die Bürgerrechtsorganisation »American Civil Liberties Union« (ACLU) wird demnach nur noch als Randgruppe mit extremen Ansichten betrachtet, nicht als Hüter von Grundrechten. Ähnlich äußerte sich bereits US-Justizminister John Ashcroft, der vor dem Senat predigte, dass »diejenigen, die friedliebende Menschen mit dem Phantom verlorener Freiheit ängstigten, nur Terroristen unterstützen«.[9] Steven Spielberg stellt mit seinem Film die Frage, wie viel Freiheit Bürger opfern wollen, um mehr Sicherheit zu erlangen. Die US-Medien begriffen den Film als gelungene Analogie zur gegenwärtigen Terrorismusbekämpfung. »US News« schrieb, dass die Zukunft möglicherweise schon jetzt eingetreten sei.[10] Der Film beschreibt den gesellschaftlich-politischen Diskurs der Bush-Regierung ähnlich treffend, wie zuvor »Wag the Dog« Clintons Außenpolitik parodiert hatte.

In der Welt des »Minority Report« jagen Polizeibeamte, von Rucksackdüsen getrieben, die Hochhauswände hinauf. Computergesteuerte Autos rasen auf achtspurigen senkrechten Straßen und können jederzeit von der Polizei per Fernsteuerung angehalten und verriegelt werden. Unternehmen personalisieren ihre Anzeigen, indem sie über mehrere Meter hinweg per Irisscan den Betrachter identifizieren und auf seine Vorlieben eingehen. Mit derselben Technik werden Bürger an mehreren polizeilichen Kontrollstellen in der Stadt identifiziert. Kriminelle fallen durch eine Eigenart auf: Ihnen fehlen die Augen. Um den flüchtigen Leiter der Sondereinheit ausfindig zu machen, der nun selbst eines künftigen Mordes beschuldigt wird, durchsucht ein sich selbst organisierender Schwarm von spinnenähnlichen Robotern ein Wohnhaus, um die Menschen aufzugreifen und zum Irisscan zu zwingen. Einige protestieren, die

Kinder reagieren verängstigt. Die meisten jedoch halten für einen Moment an und lassen die Prozedur klaglos über sich ergehen. Denn was haben sie schon zu befürchten, wenn sie nichts zu verbergen haben? Menschen, die verhaftet werden, haben zwar noch das Recht auf einen Anwalt. Doch ihr Schicksal ist unabwendbar: Sie werden in einer engen Röhre in Dauerschlaf versetzt, nachdem ihnen ein Apparat ihre Rechte verlesen hat. Die kleinen Spinnen entschlüpfen einem ebenso kleinen tragbaren Gerät, das die Pre-Crime-Polizisten am Handgelenk mit sich führen, um bei Bedarf per Irisscan Personen über einen Datenbankabgleich zu identifizieren. Das alles ist Teil einer Science-Fiction-Fantasie. Und doch: Multifunktionale »Wearables«, also tragbare Geräte, die online Informationen austauschen und auswerten lassen, gehören zu den Forschungsprojekten des renommierten Massachusetts Technology Institutes (MIT). Der fantastische High-Tech-Bilderreigen von »Minority Report« entstammt der Fantasie führender MIT-Techniker, Zukunftsforscher und Designer, die auf Einladung Spielbergs drei Tage lang auf Basis aktueller Forschung Zukunftsszenarien entwickelten. Die Precogs in »Minority Report« sind Menschen mit »präkognitiven« Eigenschaften. Diese voraussehenden Eigenschaften erwarten wir heute von den Datenbanken der Zukunft. Mit ihrer Hilfe sollen bestimmte Muster in einer Masse öffentlicher wie privater Informationen erkannt werden. Je mehr Daten, desto präziser und umfassender sollen diese Muster gezeichnet werden können, die auf bestimmte Ereignisse oder Tatbestände hinweisen sollen. Mittels Data-Mining, dem Wühlen in Datenmassen, wollen Sicherheitsbehörden Erkenntnis darüber erlangen, worüber sie noch nichts wissen.

Total Information Awareness

Ehrgeizige Data-Mining-Projekte werden zur Zeit vor allem in den USA entwickelt und vorangetrieben. Das in der Forschungsabteilung des Pentagons angesiedelte »Information Awareness Office« (IAO) entwarf Anfang 2002 Pläne für eine umfassende Terrorismusbekämpfung mit Hilfe der IT-Technologien. IAO-Direktor John M. Poindexter, der als Sicherheitsberater von Ronald Reagan eine prominente Rolle im Iran-Contra-Skandal gespielt hatte, skizzierte die Herausforderung für das unter dem Namen »Total Information Awareness« laufende Forschungs- und Entwicklungsprogramm folgendermaßen: Terroristen könnten sich überall auf der Welt frei bewegen, verstecken und Unterstützung finden. Da sie in kleinen, beweglichen Zellen operieren, können sie jederzeit Anschläge begehen und Massenvernichtungswaffen einsetzen. Dagegen sei der Handlungsspielraum der Regierung eingeschränkt, denn sie muss sich vor einer kritischen Öffentlichkeit rechtfertigen. Für Poindexter lag der Schlüssel zur Lösung all dieser Probleme in der Errichtung einer neuen, dynamischen Geheimdienstinfrastruktur, der Entwicklung und dem Einsatz revolutionärer Informations- und Datenverarbeitungstechniken, die es erlauben, eine immer größere Menge an gesammelten Daten zu verarbeiten, um so dem »Krieg gegen den Terror« zum Erfolg zu verhelfen. Die entsprechende Datensammlung beträfe Tausende von Menschen, deren Identitäten und Umgebung nicht immer bekannt seien. Zudem würden Terroristen Hinweise und Spuren hinterlassen, die sich zwar zu einer erkennbaren »Informations-Signatur« verdichten lassen könnten. Doch die Sicherheitsbehörden seien noch nicht imstande, diese Signatur zu erkennen, zu verarbeiten und entsprechend zu reagieren. Die Daten von Kreditkartenfirmen, Reiseunternehmen, aber auch biometrische Daten und geheimdienstliches Aufklärungsmaterial sollten in die Superdatenbank einfließen.

Um das »Terrorist Information Awareness«-Programm zu verwirklichen, sollten die US-Geheimdienste auf die Daten von US-Bürgern zugreifen können. Alle Behörden sollten hierfür kompetenz- und befugnisübergreifend zusammenarbeiten. Die Koordinierung sollte das Ministerium für Heimatschutz übernehmen. Für die Geheimdienste stellte sich natürlich die Frage nach neuen Kompetenzen. Michael Hayden, Direktor des Geheimdienstes National Security Agency (NSA), forderte, »eine richtige Balance zwischen dem Schutz unserer Sicherheit und dem Schutz unserer Freiheit« zu finden. Die Regierung müsse definieren, worin der Bedarf der Regierung nach Informationen über Menschen in den USA bestehe und wie weit deren informationelle Selbstbestimmung reichen sollte. Man müsse entscheiden, ob die NSA wie bislang nur im Ausland oder nun auch im Inland tätig werden solle. Hayden forderte einen klaren Maßstab für Überwachungsaktivitäten und einen deutlichen Handlungsauftrag für die NSA. So müsse geklärt sein, welche Daten die NSA sammeln, speichern und verarbeiten dürfe.[11]

Poindexter veranschlagte eine Forschungs- und Erprobungsphase von 5 Jahren. Bereits ab 2005 sollten einsatzfähige Prototypen fertig, ab 2007 dann alle Komponenten arbeitsfähig sein. Er wollte alle US-Geheimdienste wie die Defense Intelligence Agency (DIA) oder das U.S. Army Intelligence and Security Command (INSCOM) beteiligen. Zu den Projektnehmern gehören namhafte Unternehmen wie IBM, SAIC und Visionics sowie renommierte US-Universitäten und Laboratorien. Alle beteiligten Firmen, Organisationen und deren Mitarbeiter müssen eine strenge Sicherheitsüberprüfung bestehen und sind zu absoluter Geheimhaltung verpflichtet. Ausländische Firmen sind nur für Arbeiten zugelassen, die als »nicht geheim« eingestuft wurden. Mit Hilfe des Informationsfreiheitsgesetzes gelang es der Cyberrechtsorganisation »Electronic Privacy Information Center« (EPIC), an Dokumente zu gelangen, die einzelne Konzerne und Forschungseinrichtungen mit ihrem Anteil zur Entwicklung von TIA-Komponenten benennen. So gehören zu den Entwicklern das Palo Alto Research Center (PARC), die Science Applications

International Corporation (SAIC), die University of Southern California, die Colorado State University, das Beratungsunternehmen Booz Allen Hamilton sowie die Rüstungskonzerne Lockheed Martin Information Systems und Raytheon.[12] Das vorgesehene Budget bewegte sich für die geplanten 75 Beteiligungen zwischen 200 000 und 1 000 000 Dollar pro Forschungsprojekt.

Das Projekt GALE (Global Autonomous Language Exploitation) sollte ein System entwickeln, das Berichte für Geheimdienstanalysten entsprechend ihrer Interessen zusammenstellen kann. Es sollte selbständig für die Auslandsspionage interessante Informationen aus Rohdaten wie ausländischen Funkübertragungen, Telekommunikation, Nachrichten und über das Internet ausgetauschte Informationen extrahieren und zusammenfassen. Das Projekt basiert auf den Teilprojekten EARS und TIDES. Als Hauptanwender kamen der Verteidigungsgeheimdienst DIA, der US-Auslandsgeheimdienst CIA und die Lauschbehörde NSA in Frage. 2009 sollte das System realisiert sein.

Das Projekt SSNA (Scalable Social Network Analysis) sollte menschliche Beziehungsnetzwerke beschreiben, womit der zwischenmenschliche Bereich ins Visier der präventiven Kontrolle gerät. Interessant sind Verbindungen, die sich in sozialen Interaktionen, finanziellen Transaktionen, Telefongesprächen und Mitgliedschaften in Organisationen niederschlagen. SSNA sollte bereits 2007 in Betrieb gehen.

Das Programm MInDet (MisInformation Detection) sollte in der Lage sein, aus einer Menge von Nachrichten die »Spreu vom Weizen« zu trennen: Dazu gehören beabsichtigte oder irreführende Falschinformationen und Widersprüche in öffentlich zugänglichen Daten und Textdokumenten wie Nachrichten, Websites, Finanzberichten, um vertrauenswürdige Informationen herauszufiltern. Hierbei sollten linguistische Verfahren, Selbstlernprozesse, die Analyse von Geschäftsprozessen sowie wissensbasierte und statistische Methoden in die Entwicklung einfließen. MInDet sollte Ende 2007 umgesetzt sein.

Mit der Kontrolle von Menschenmassen sollte sich das Projekt »ARM« (Activity, Recognition, and Monitoring) beschäftigen. In ausgewählten Bereichen sollten Computer menschliche Aktivitäten mit Hilfe einer Reihe von Sensoren selbständig erfassen, identifizieren und einordnen. So könnte etwa das Verhalten einer Menschenmenge auf einem öffentlichen Platz mit Hilfe von Modellen typischer Verhaltensszenarios beurteilt werden und verdächtige Personen oder Gruppen identifiziert werden. Das Projekt basiert auf dem HUMAN-ID-Programm und sollte 2008 verwirklicht sein.

Das Projekt NGFR (Next-Generation Facial Recognition) sollte die biometrische Gesichtserkennung mittels 3-D, Infrarot und multispektraler Bilderzeugung und -verarbeitung und der Analyse der menschlichen Gesichtsmimik verbessern. So sollten Personen auch in unbekannten Umgebungen identifiziert werden können. Auch dieses Projekt ging aus dem HUMAN-ID-Programm hervor und sollte bis 2007 umgesetzt sein. Ein erster Test sollte eine Million Gesichter umfassen.

Das Projekt RAW (Rapid Analytical Wargaming) schließlich sollte analytische Simulationen entwickeln. Politische Entscheidungsträger waren aufgefordert, auf Basis einer aktuellen Lageanalyse aus einer bestimmten Region mögliche politische oder militärische Handlungen im Hinblick auf ihre Konsequenzen durchzuspielen.

»Total Overkill of Intelligence«

Beobachtern galt das »Terrorist Information Awareness«-Programm als das ambitionierteste Projekt der Geheimdienstgemeinde seit Errichtung und Ausbau des weltweiten Echelon-Abhörsystems. Der Demokrat Gary Hart bekannte: »Wenn es ein Konzept von Orwell'schem Ausmaß gibt, dann das.« Er räumte als Mitglied des Ausschusses für nationale Sicherheit im 21. Jahrhundert zwar ein, dass es notwendig sei, Daten effektiver zu verwenden. Das

Ausmaß von Poindexters Programm kritisierte er jedoch als »total overkill of intelligence«, der sich möglicherweise als eine »riesige Geldverschwendung« herausstellen könne.[13] Nicht nur Politiker, auch Wissenschaftler zeigten sich besorgt: Paul Werbos, Experte für künstliche Intelligenz bei der National Science Foundation, bezweifelte, ob die Technik so fein eingestellt werden könne, dass sensible Daten unschuldiger Bürger nicht von der Regierung verwendet werden könnten: »Wie viele unschuldige Menschen werden falsch angezeigt? Wie viele Terroristen werden durchschlüpfen?«

Das Pentagon betrieb sein ehrgeiziges Data-Mining-Programm weniger als ein Jahr. Bürgerrechtler und Datenschützer kritisierten das Projekt als Gefahr für die Bürgerrechte. Verteidigungsminister Donald Rumsfeld sah das Projekt gefährdet und reagierte: Im Februar 2003 richtete das Pentagon ein internes Aufsichtsgremium ein. Es sollte Regeln für den Einsatz von TIA-Komponenten entwickeln. Damit wollte das Pentagon sichergehen, dass das Projekt die durch die Verfassung garantierten Rechte nicht einschränken und nicht gegen geltendes Recht verstoßen würde. Auch berief das Pentagon eine externe Beratungskommission ein, die sich aus Rechtsprofessoren, Bürgerrechtsanwälten, Richtern und Beratern zusammensetzte. Sie sollte Verteidigungsminister Donald Rumsfeld in politischen und rechtlichen Fragen bezüglich des Projekts beraten. Im Mai legte die Pentagon-Forschungsabteilung DARPA dem Kongress einen ersten Bericht vor.[14] Statt »Total Information Awareness« hieß das Programm nun »Terrorism Information Awareness«, um zu verdeutlichen, dass US-Bürger nicht im Fokus des Programms seien.[15] Dies konnte die Bedenken von Senat und Repräsentantenhaus allerdings nicht ausräumen. Sie beriefen einen gemeinsamen Ausschuss ein, der das weitere Vorgehen beriet. Das am 24. September 2003 erlassene US-Gesetz für den Verteidigungshaushalt entzog dann sämtliche finanziellen Mittel für die Forschung und Entwicklung des riesigen Data-Mining-Programms.[16] Das IAO-Büro wurde geschlossen, Direktor Poindexter hatte schon einen Monat zuvor das Handtuch geworfen. Ende September 2003 verteidigten die Projektpartner vor dem Pentagon-Beratungsausschuss »Technology and Privacy« das Programm noch mit dem Hinweis, sie würden kein Data-Mining gegen US-Bürger betreiben wollen. Alle Komponenten besäßen Schutzmechanismen, um den Schutz der Privatsphäre zu gewährleisten. Dies habe die DARPA jedoch nur unzureichend der Öffentlichkeit vermittelt. David Jensen, Professor für Computerwissenschaften an der Universität Massachusetts und Mitglied des EELD-Projekts, sagte, die DARPA habe »die Forschung grottenschlecht kommuniziert« und versäumt klarzustellen, dass es sich bei ihr um keine Geheimdienstbehörde handele.[17]

Der Department of Defense Appropriations Act vom 15. Juli 2003 sieht allerdings Ausnahmen für militärische Operationen im Ausland sowie für die Auslandsaufklärung vor. Auch Programme, die sich gegen Bürger ohne amerikanischen Pass wenden, dürfen weiter betrieben werden.[18] Die weitere Entwicklung von Überwachungstechnologien muss nun das Repräsentantenhaus ausdrücklich genehmigen. Die ehemals am Projekt beteiligten Vertragsfirmen und -universitäten geben deshalb nicht so schnell auf. Das »Government Executive Magazine« berichtete, das Pentagon wolle klären, wie die Forschung am TIA-System zu anderen Bundesbehörden übertragen werden könne. So soll das Army Intelligence and Security Command (INSCOM) einige Projekte erhalten haben. Übernahmekandidaten sind die Projekte zur Spracherkennung und -verarbeitung EARS, TIDES, BABYLON, SYMPHONY. Ebenso interessant sind Projekte zur Abwehr und Erkennung terroristischer Angriffe mit biologischen Kampfmitteln BIO-ALERT sowie das Projekt für Projektionen terroristischer Bedrohungen WAE. Das Projekt zur biometrischen Fernidentifizierung von Menschen HUMAN-ID soll unter einem anderen Titel weitergeführt werden. Bestandteile der Data-Mining- und Datenbank-Systeme GENYSIS, GENOA und EELD, sofern sie zur Auslandsspionage und für ausländische Militäreinsätze von Nutzen sind, sollen ebenfalls gerettet werden.

Matrix

Doch nicht das Verteidigungsministerium allein beschäftigt sich in den USA mit der Entwicklung intelligenter High-Tech-Systeme. Das Justizministerium will 4 Millionen US-Dollar in den Ausbau des so genannten MATRIX-Systems investieren. MATRIX, ein länderübergreifendes Anti-Terror-Informationsaustauschsystem[19], ist seit 2002 in Florida im Einsatz. Es dient der Terrorismus- und Kriminalitätsbekämpfung und soll, so die offizielle Zielsetzung, »den Austausch von sensitiven Daten zu terroristischen und kriminellen Aktivitäten zwischen den örtlichen Strafverfolgungsbehörden und den Strafverfolgungsbehörden des Bundes erhöhen und ausbauen«.[20] Entwickelt wurde das System auf Eigeninitiative der Firma Seisint nach den Terroranschlägen vom 11. September für den Bundesstaat Florida. Seisint kannte die Wünsche der Strafverfolger und Geheimdienstanalysten genau. Denn zuvor hatte die Firma bereits für den Secret Service und das FBI gearbeitet.

MATRIX ermöglicht den Datenaustausch zwischen verschiedenen Datenbanken und stellt entsprechende Auswertungstechniken bereit. Es kann alle verfügbaren Datensätze zu einer Person miteinander verknüpfen und den angeschlossenen Polizei- und Geheimdienstbehörden zugänglich machen. Auch verwendet es angekaufte Datensätze kommerzieller Datenbankbetreiber. Mit Hilfe des Systems können die Strafverfolger den Namen und die Adresse jedes braunhaarigen Besitzers eines roten Ford-Pickup-Truck im 20-Meilen-Radius eines bestimmten Ortes ermitteln. Seisint-Chef Paul S. Cameron sieht in seinem System lediglich eine computergestützte Umsetzung herkömmlicher Polizeiarbeit, die ein schnelleres Arbeiten ermögliche. Gegenüber der »Washington Post« bezeichnete ein Polizeiexperte das System als »bedrohlich« und äußerte die Befürchtung, dass es missbraucht werden könne: »Ich kann alles über Sie aufrufen, Ihre Bilder und die Bilder Ihrer Nachbarn.«[21]

Hank Asher, der Gründer der IT-Firma Seisint, ist allerdings wie schon John Poindexter kein Mann mit weißer Weste, wie die »Washington Post« herausfand. 1999 beendeten die Drogenbekämpfungsbehörde DEA und das FBI einen Vertrag mit seiner Firma DBT Online, nachdem bekannt geworden war, dass Asher von einem Zeugen als Pilot und Drogenschmuggler identifiziert worden war sowie als Informant gearbeitet hatte. Dafür wurde er jedoch weder angeklagt noch verhaftet. 1998 schloss der Staat Florida mit der DBT einen Vertrag zur Erstellung einer Wählerliste. Auf ihr befanden sich auch Wähler, die von der Wahl ausgeschlossen werden können. Später wurde aus der DBT die Firma Choicepoint. Sie spielte eine prominente Rolle bei den heftig umstrittenen Präsidentschaftswahlen im Jahr 2000. Damals schloss Innenministerin Katherine Harris aufgrund der Choicepoint-Daten einige Zehntausend Menschen, vornehmlich Schwarze, Latinos und arme Weiße, aus der demokratischen Wählerschicht von der Wahl aus, da sie angeblich in anderen Staaten Vorstrafen hatten. Die Liste der angeblich Vorbestraften soll aus Texas gekommen sein. Zwar korrigierte Harris die Liste noch nachträglich, doch Tausende blieben weiterhin von der Wahl ausgeschlossen. Bekanntlich ging die Wahl in Florida mit 500 Stimmen Mehrheit für Bush aus, über 170 000 abgegebene Stimmen wurden für ungültig erklärt. Eine Nachzählung hielt das Oberste Gericht für nicht notwendig. Eine Nachzählung aber ergab, dass bei einer offiziell anberaumten Nachzählung Al Gore der Gewinner und damit Präsident gewesen wäre.

Für Seisint jedenfalls hat sich die Investition in die Entwicklung des Systems gelohnt: Es soll nun in den Staaten Connecticut, Florida, Georgia, Michigan, New York, Pennsylvania, Ohio und Utah ausgebaut werden. Jeder beteiligte Bundesstaat soll zu einem Knotenpunkt innerhalb des »Regional Information Sharing Systems«-(RISS-)Netzwerkes werden, über das der Datenverkehr des MATRIX-Systems verlaufen wird. Zu den Förderern gehört neben dem Justizministerium auch das Ministerium für Heimatschutz, das acht Millionen Dollar für den bundesweiten Ausbau spendieren will.

Wie verletzlich sind wir?

Am 11. März 2004 überraschten die Detonationen die Menschen in Madrid auf dem Weg zur Arbeit und zur Schule: Um 7.35 Uhr explodierte der erste Sprengsatz in einem Zug, der gerade in den Hauptbahnhof Atocha einfuhr. Wenige Minuten später ging eine Bombe im Vorstadtbahnhof Santa Eugenia hoch. Fünf Minuten vor acht ereignete sich eine weitere Explosion in der südlichen Vorstadt Pozo del Tío Raimundo. Um diese Zeit fahren Hunderttausende Angestellte, Kleinunternehmer, Arbeiter, aber auch Schüler und Studenten in die Fünf-Millionen-Metropole. Die konservative Stadtregierung hatte in den vergangenen Jahren stark investiert, um das Umland durch Nahverkehrszüge und Autobahnen an das Zentrum anzubinden. Den Atocha-Bahnhof im Herzen der Stadt, wo die Hochgeschwindigkeitszüge nach Sevilla und Zaragoza abfahren, passieren täglich eine Million Menschen. Ein weitere Bombe sollte dort hochgehen – doch der Zündmechanismus versagte. Die Attentate waren eiskalt auf maximale Effizienz geplant. Atocha ist in der Madrider Infrastruktur ein neuralgischer Punkt.

Mit wenigen Mitteln ein Höchstmaß an Zerstörung und wirtschaftlichen wie politischen Folgeschäden zu bewirken, ist das Ziel des internationalen Terrorismus. Neben den unmittelbaren Schäden an Gebäuden, Verkehrsnetz oder militärischen Stützpunkten betreffen die von einem Terrorangriff verursachten Schäden ein breites Spektrum von Wirtschaftssparten wie Fremdenverkehr, Luftfahrt, Versicherungen oder den Finanzsektor. Die direkten Schäden der Terroranschläge vom 11. September lagen bei 66 Milliarden US-Dollar. Experten schätzten den Gesamtschaden für die amerikanische Wirtschaft auf 650 Milliarden US-Dollar. Das Verhältnis der indirekten Folgekosten zu den direkten Folgekosten stand etwa 10:1. Die Finanzmärkte reagierten auf die Anschläge in New York und Washington, aber auch drei Jahre später in Madrid mit schweren Kursstürzen. 2001 waren Fluglinien, Banken und Versicherer am meisten betroffen. Versicherungsanstalten trugen einen Schaden von 40 bis 50 Milliarden US-Dollar. 2004 waren es auch wieder vor allem die Aktienkurse der Versicherer, die einknickten. In den Tagen nach den Anschlägen in Madrid erinnerten Sicherheitsexperten daran, dass auf Europas Straßen sich jedes Jahr rund 1,3 Millionen Verkehrsunfälle ereignen, bei denen rund 40000 Menschen sterben. 1,7 Millionen Menschen werden verletzt.

Schadensummen und Zahlenvergleiche können allerdings das wirkliche Ausmaß von Terroranschlägen nicht ermessen. Verkehrsunfälle sind Ereignisse, mit denen die Menschen rechnen. Wer das Auto benutzt, weiß, dass er in einen Unfall verwickelt werden kann. Wer in einen Zug oder in ein Flugzeug steigt, erwartet eher einen Unfall denn einen tödlichen Terroranschlag. Hinter einem Unfall steckt keine Absicht, keine politische Willenserklärung. Terroranschläge hingegen wollen Zeichen setzen, auf ihr eigenes Leiden hinweisen, wollen Rache nehmen, wollen Aufmerksamkeit für das eigene Anliegen wecken. Vor allem aber wollen sie Angst und Schrecken verbreiten. Der neue Terror zeichnet sich dadurch aus, dass er nicht allein gegen militärische, politische oder wirtschaftliche Ziele gerichtet ist. Er richtet sich vor allem gegen die Zivilbevölkerung. Deshalb wird er auch als Angriff auf unsere Gesellschaft begriffen, auf unseren »way of life«. Zivile Opfer garantieren ein Höchstmaß an Betroffenheit und Reaktion. Die Botschaft dieser Anschläge ist: Jeder ist schuldig, jeden kann es treffen. Wir alle sind verletzlich.

Doch wie kann eine Gesellschaft geschützt werden, in der immer feiner miteinander vernetzte Systeme den Lebensstandard, aber auch das Überleben sichern? Nach den Madrider Anschlägen riefen

Europas Staats- und Regierungschefs umgehend dazu auf, alle wichtigen Verkehrssysteme auf künftige Bedrohungen vorzubereiten. Regionalkommissar Michel Barnier hält die EU auf einen terroristischen Angriff mit Chemiewaffen auf das Untergrundbahn-System einer europäischen Großstadt für »nicht ausreichend vorbereitet«. Lebenswichtige Dienstleistungen wie Wasserversorgung, Energienetze und Telekommunikation, aber auch die Lebensmittelindustrie sollen nun gegen Terrorattacken geschützt werden. Bricht nur eine dieser kritischen Infrastrukturen zusammen, kann sie Auswirkungen auf andere wichtige Einrichtungen haben. Die alltäglichen Bedürfnisse der Menschen können dann unter Umständen nicht mehr gedeckt werden.

Gefährdete Infrastrukturen

Mittlerweile verbinden vernetzte Computer verschiedene Infrastrukturen miteinander. Sie sind das Nervensystem der modernen Industrie- und Informationsgesellschaft. Vor allem die Anschläge vom 11. September führten vor, wie verwundbar die Infrastrukturen sind: Als die Twin Towers in New York kollabierten, löste dies eine Reihe zuvor nicht absehbarer Kettenreaktionen aus: So wurden mit den Gebäuden auch Teile der Telekommunikations- und Energieinfrastruktur zerstört. Als ein weiteres Gebäude des World-Trade-Komplexes zusammenbrach, wurde die Schaltzentrale des Telekommunikationsunternehmens Verizon so stark beschädigt, dass in Lower Manhattan Telefonleitungen zusammenbrachen und das Mobilfunksystem nur noch eingeschränkt funktionierte. Als mehrere Internet-Schaltzentralen (POPs) im Welthandelszentrum zusammenbrachen, führte dies nicht nur zu Ausfällen in New York City, Connecticut und Massachusetts, sondern auch weltweit: Etliche transatlantische Schaltkreise waren zusammengebrochen, die aus Kostengründen über New York City führten. In Rumänien gingen Netzwerke vom Netz, das CERN in Genf war betroffen und Südafrika verschwand mit seinen .za-Websites aufgrund einer Störung des Domain-Name-Services für einige Tage ganz von der Internet-Landkarte.[1] Das Internet reagierte aufgrund seiner heterogenen Struktur zwar durchaus sensibel auf die Anschläge, im Großen und Ganzen jedoch blieb es stabil. Allerdings erwiesen sich die Folgen für die mit dem Internet verbundenen Systeme als gravierend. In New York konnten Ärzte in Krankenhäusern teilweise nicht mehr auf Patientendaten zugreifen. Denn die Krankenhäuser waren über eine Internetverbindung mit dem Carrier für den drahtlosen Zugang verbunden. Als diese versagte, konnten die Ärzte mit ihren PDAs die Datenbanken nicht mehr einsehen. Um sich nach dem Schicksal ihrer Verwandten und Freunde zu erkundigen, benutzten die Menschen zunächst das Telefon. Auf der Suche nach aktuellen Nachrichten blieb das Fernsehen die erste Wahl – die Einwahlrate bei AOL fiel am 11. September unter die des 10. Septembers. Viele suchten aber auch weiter gehende Informationen auf News-Websites. So vervielfachten sich die newsbezogenen Suchanfragen bei Yahoo am 11. September um den Faktor 50. Angesichts des Ansturms reduzierten viele Anbieter in dieser Zeit ihre News-Sites auf bilderlose Textseiten.

Ursprünglich wurde das so genannte TCP/IP-Protokoll vom US-Militär für die zuverlässige Kommunikation seiner Truppen im Falle eines Atomkrieges gebaut. Es sollte einen atomaren Erstschlag der Sowjetunion so weit überstehen, dass die USA zum Gegenschlag ausholen konnten. Falls einzelne Netzbereiche beschädigt werden sollten, könnten die Daten automatisch über noch intakte Bereiche geleitet werden. Einzelne verloren gegangene Datenpakete forderte das Protokoll vom Absender erneut an. Experten sind aber davon überzeugt, dass gezielte Angriffe das Internet sehr wohl lahm legen können. Denn in der Praxis ist das Internet kein Netz aus homogen verteilten, gleich großen Knotenpunkten. Es verfügt über eine Anzahl mehr und weniger wichtiger Knotenpunkte, deren Zusammenbruch gravierende Folgen für angeschlossene Dienste haben kann.

Gegenmittel gesucht

Obgleich die Terroranschläge am 11. September keineswegs gegen das Internet gerichtet waren, sensibilisierten sie Unternehmen und Behörden auch für das Thema Sicherheit. In den USA nahmen Behörden nach dem 11. September mögliche kritische Informationen von ihren Websites. Potenziellen Terroristen sollte so wenig Information wie möglich an die Hand gegeben werden. Eine Studie der Rand Corporation stellte 2004 im Auftrag der Regierung jedoch fest, dass diese Selbsteinschränkung mehr Schaden als Nutzen verursacht hatte. Die überwältigende Mehrheit der Behörden-Websites über Flughäfen, Energieversorger, Militärbasen und andere attraktive Terroristenziele hätte nicht zensiert werden müssen, da ähnliche oder sogar noch bessere Informationen an anderer Stelle leicht zu beschaffen sind. Allein vier Websites hätten die Einschränkungen im Namen des Heimatschutzes möglicherweise verdient. Die Studie ermunterte deshalb die Behörden, den öffentlichen Zugang zu über drei Dutzend Websites wieder herzustellen.[2] Der amerikanische Präsident gab auch ein eigenes, vom Internet getrenntes Computernetz der Regierung und Behörden in Auftrag. Das abgeschottete Govnet soll vor Hacker- oder terroristischen Angriffen schützen. In Deutschland ist das Regierungsnetz IVBB ebenfalls ein rein internes Netz, das Daten nur verschlüsselt kommuniziert.

Hoffnungen der Industrie, das neue US-Ministerium für Heimatschutz würde zur Sicherung des Cyberspace Internet-Service-Provider zur Anwendung von Firewalls und Anti-Viren-Software verpflichten, wurden allerdings enttäuscht. Die Technik wurde allein empfohlen. Gleichwohl sorgten die Anschläge in den ersten Monaten für eine starke, nicht jedoch nachhaltige Nachfrage bei den Anbietern von IT-Sicherheitsprodukten. Viele Unternehmen investierten nämlich eher ziellos in verschiedene Projekte. Im Zuge der sich verstärkenden Weltwirtschaftskrise brach die Nachfrage 2002 teilweise dann wieder ein. Die Unternehmen begannen in der Folge Sicherheitsprodukte an ihrer Wirksamkeit und Kapitalrendite zu messen. Während Anbieter von Firewalls und Public-Key-Infrastrukturen kräftige Einbußen einstecken mussten, verzeichneten die Anbieter von Anti-Viren-Produkten und Intruder-Detection-Systemen einen kräftigen Aufwind. Dafür sorgten Wurmattacken wie Nimda, die nachweislich zu ähnlich hohen Netzwerkausfällen wie die Terroranschläge führten.

Die amerikanische Wirtschaft wächst und mit ihr auch der Arbeitsmarkt. Doch während es in den 90er Jahren in fast allen Bereichen bergauf ging, ist dies derzeit nur in wenigen Branchen der Fall. Vor allem die Rüstungs- und die Sicherheitsindustrie treiben den Aufschwung voran. Für den Grenzschutz und ihm angeschlossene Einrichtungen gibt der Staat 2004 38 Milliarden aus. Das Budget für Forschung und Entwicklung des Pentagons und der Heimatschutzbehörde beträgt insgesamt 64 Milliarden US-Dollar. Mindestens 50 Milliarden investieren die Streitkräfte nach dem Irakkrieg in Ersatz und Modernisierung. Jahrelang war die Sicherheit ihrer Computersysteme das Stiefkind der Manager. Sie kam bei Investitionen immer zuletzt. Eindringlich plädierten daher Experten an die Unternehmen, die IT-Sicherheit zur Chefsache zu machen. Die US-Industrie investiert derzeit vor allem in die Sicherung ihrer IT-Infrastruktur: Laut einer Umfrage der Investmentbank Merrill Lynch steigen die Budgets insgesamt nur um wenige Prozent, doch für die IT-Sicherheit geben die Firmen in diesem Jahr 40 bis 50 Prozent mehr aus.[3]

Wurmattacken

Es war wohl die Entwicklung des vergangenen Jahres, die den Skeptikern in den Leitungsetagen die Gefahren deutlich vor Augen führte: Im Januar 2003 verdoppelte sich beim Angriff des Slammer-Wurms alle 8,5 Sekunden die Anzahl der betroffenen Computersysteme – innerhalb von 10 Minuten waren mehr als 90 Prozent aller angreifbaren Systeme infiziert. Der Wurm CodeRed hatte zwanzig Monate zuvor noch 37 Minuten für die Verdoppelung der infizierten Systeme benötigt. In den USA verursachte der Slammer-Wurm den Ausfall von über 15 000 Bankautomaten. Dabei nutzte er eine Schwachstelle aus, für die bereits seit sechs Monaten eine Abhilfe verfügbar war.[4] Die Warnungen für 2004 klingen dramatisch: Wong Loke Yeow, Analyst des US-amerikanischen Sicherheitsunternehmens TrueSecure, erwartet, dass aggressive Computer-Viren weiter zunehmen. Das Unternehmen rechnet in diesem Jahr mit mindestens einem großen Ereignis mit Milliardenschäden. Da vor allem Trojaner und Mass-Mailing-Würmer immer häufiger auftreten, prognostiziert ClearSwift, Hersteller von Content-Security-Produkten, einen Superwurm, der sich über bereits etablierte, geheime Peer-to-Peer-Netzwerke verbreiten und in Minutenfrist alle ungeschützten Rechner im Internet infizieren soll. So genannte »Malware-Gangs« würden dazu den seit Oktober letzten Jahres bekannten Trojaner Sinit einsetzen. Sinit kann ähnlich wie der 2003 weit verbreitete Wurm Sobig.F einen neuen, schädlichen Programmcode nachladen. Um dies bei Sobig.F zu verhindern, wurden die befallenen Server vom Netz getrennt. Dies ist jedoch in Peer-to-Peer-Netzen ohne zentralen Server kaum möglich.[5]

Bereits vor dem 11. September warnten Konservative in Washington davor, dass zehn Superhacker binnen 48 Stunden mit einem Budget von zehn Millionen Dollar die USA in die Knie zwingen könnten. Für die Anschläge vom 11. September hat das Netz keine besondere Rolle gespielt. Dennoch wurde in den USA das Cybercrime-Gesetz verschärft. Bei schweren Verstößen droht Hackern nun lebenslange Haft. Damit Strafverfolger verdächtigen Telefon- und E-Mail-Verkehr schnell analysieren können, müssen Internetdienste-Anbieter ihre Daten zur Verfügung stellen.

Planspiel für den Cyberterror

Ende 2001 testeten in Deutschland Mitglieder des »Arbeitskreises Schutz von Infrastrukturen« (AKSIS), eine Interessenvertretung von 80 Unternehmen, erstmals den Ernstfall eines Cyberterroranschlags. Zu AKSIS gehören Großunternehmen wie Siemens, Lufthansa, Deutsche Telekom, Deutsche Bank, Deutsche Bahn und Deutsche Flugsicherung. Unter der Leitung der Firma IABG in Ottobrunn simulierten sie gezielte IT-Angriffe auf den Großraum Berlin. Planspielleiter Reinhard Hutter ging von einem hohen terroristischen Organisationsgrad aus: »Eine IT-Bedrohung besteht eben nicht nur aus singulären Ereignissen.« Ziel der simulierten Angriffe war es, die Infrastrukturen der Beteiligten massiv zu beeinträchtigen. Die Angriffsmethoden waren breit gestreut: Hackerangriffe über das Internet, eingeschleuste Viren und Innentäter, die den Strom abschalteten und Geräte zerstörten. Zuvor eingebaute Softwarebomben platzten und legten Computer lahm. Die Leitfrage war, wie gut die Zusammenarbeit zwischen den betroffenen Branchen funktionieren würde. Das ernüchternde Ergebnis: Im Ernstfall klappt in den Unternehmen und Behörden fast nichts mehr. Hutter resümierte diplomatisch, dass danach »ein wesentlich höheres Bedürfnis bestand, miteinander zu kooperieren«. Wenn der Ernstfall eintritt, müssen die Informationen fließen, die Maßnahmen gemeinsam abgestimmt werden. Hutter weiß, dass das Gros der deutschen Wirtschaft unter erheblichen Defiziten leidet und keine Notfallpläne kennt. Aus eigener Kraft konnten sie bislang weder gemeinsame Notfallpläne noch Notfallzentren einrichten. Es ist vor allem die Kommunikation der betroffenen Stellen untereinander, an der es hapert. Auch europaweit sieht es im Falle eines Terrorangriffs auf kritische Infrastrukturen nicht besser aus: Im Falle eines großen Terrorangriffs müssten die Mitgliedstaaten über Informationsstrukturen verfügen, um »besser kommunizieren« zu können, forderte die EU-Kommission nach den Anschlägen von Madrid. Sie drängt deshalb darauf, einen »echten integrierten EU-Katastrophenschutz« aufzubauen.

Je komplexer die Systeme werden, desto größer sind die Risiken. Wenn es brennt, brauchen nicht nur Unternehmen, sondern auch Behörden und Universitäten dringend Hilfe. Deshalb baut die Bundesregierung für Informations- und Kommunikationssysteme extra Anlaufstellen flächendeckend aus. Es handelt sich hierbei um so genannte CERTs (Computer Emergency Response Teams). Sie kommen nicht nur zur Hilfe, wenn es schon brennt. Sie arbeiten auch vorbeugend, indem sie vor Schwachstellen in Produkten warnen und auch über aktuelle Viren informieren. Wie bei der Feuerwehr proben sie in Penetrationstests auch den Ernstfall. Im Bundesamt für Sicherheit in der Informationstechnik (BSI) betreibt die Bundesregierung mit dem CERT-Bund rund um die Uhr ein Lagezentrum sowie einen Warn- und Informationsdienst. Außerdem gibt es eine CERT-Kooperation mit der Deutschen Telekom. Um den Informationsaustausch untereinander zu verbessern, gründeten im August 2002 sechs CERTs den nationalen CERT-Verbund. Der Mittelstand gilt schon lange als Sorgenkind der IT-Sicherheit. Laut Bundesinnenministerium nutzen zwar rund 80 Prozent der kleinen und mittelständischen Unternehmen Computer und IT-Netzwerke, sorgen aber meist nicht für ausreichenden Schutz. Seit einigen Monaten kümmert sich das CERT des IT-Verbands Bitkom, das so genannte Mcert, um den Mittelstand.[6] Anfang 2004 nahm die Europäische Agentur für Netzwerk- und Informationssicherheit (ENISA) ihre Arbeit für zunächst fünf Jahre auf. Parlamentsberichterstatter Reino Paasilinna hält sie für notwendig, da »75 Prozent der EU-Unternehmen keine Strategie für Sicherheit haben«. Die Agentur soll die dafür notwendige »Kultur für Netzsicherheit« schaffen. Ihre Aufgabe besteht vor allem in der Informationsanalyse und -koordination.[7]

Vernetztes Handeln

Würmer und Viren nutzen die Verbundenheit der einzelnen Computersysteme aus, um möglichst effektive Angriffe fahren zu können. Unter dem organisatorischen Aspekt sind auch Terrorgruppen vergleichbar: Sie organisieren sich dezentral, um möglichst wenig Angriffsflächen zu bieten, und schlagen überraschend zu. Wurmattacken lösen wie Terroranschläge ähnlich hohe Netzwerkausfälle aus.[8] Gibt eine Stelle eine Warnung zu spät oder gar nicht weiter, kann der Angegriffene Gegenmaßnahmen nicht mehr rechtzeitig einleiten. Eine Antwort auf die Frage, wie Behörden und Unternehmen diesen dezentralen, dynamischen Gefahren am wirksamsten begegnen können, ist noch nicht gefunden.

Die Sicherheit im Netz erfordert von Unternehmen und Behörden gewaltige Anstrengungen. IT-Systeme müssen sicherer gestaltet werden, Organisationsprozesse so ausgelegt werden, dass sie effektive Maßnahmen in Notfällen ermöglichen. Eine entscheidende Rolle kommt der Prävention zu: Die Zusammenarbeit der verschiedenen Computer Emergency Response Teams wird derzeit europaweit so organisiert, dass Informationen blitzschnell und standardisiert ausgetauscht werden können. Nur so sind die gefährdeten Nutzer auch in der Lage, rechtzeitig Gegenmaßnahmen zu ergreifen. Dieses Prinzip müsste man auf die Zusammenarbeit von Polizei und Geheimdiensten übertragen. Doch dies scheitert bislang an der dort verwurzelten Geheimhaltungskultur. Deutschland konnte sich nach dem Terroranschlag in Madrid in der Europäischen Union mit dem Vorschlag durchsetzen, eine Art »Information Board« zu installieren, wie es seit dem 11. September 2001 bereits mit der Koordinierungsgruppe zwischen Bundesnachrichtendienst, Bundeskriminalamt und Verfassungsschutz besteht. Die Länder Deutschland, Österreich und die Benelux-Staaten hatten zuvor eine solche Kooperation schon beschlossen.[9] EU-weit sollen künftig Erkenntnisse von Polizeibehörden, Inlands- und Auslandsgeheimdiensten zusammengeführt und analysiert werden, damit ein gemeinsames Lagebild der Bedrohung entsteht. Anders als Computer-Notfallteams haben jedoch die Behörden ein Interesse daran, die Quellen ihrer Informationen zu schützen. Damit hat auch seit Jahren die europäische Polizeibehörde Europol zu kämpfen. Der EU-Rat zeigte sich jedoch nach den Madrider Anschlägen entschlossen, die notorische Geheimhaltungskultur einzudämmen. Der Informationsaustausch müsse »dramatisch verbessert« werden, hieß es. Eine gewisse Sicherheitskultur, die nur auf den ersten Blick nachvollziehbar sei, habe sich als extrem kontraproduktiv herausgestellt. Ein EU-Koordinator für die Terrorismusbekämpfung wird nun wohl die heikle Aufgabe übernehmen müssen, die vielen Eigeninteressen zum Wohle aller auszubalancieren.

Die Europäische Union widmet sich nicht nur organisatorischen Neuerungen bei der Bekämpfung des Terrorismus, sondern setzt auch auf Informationstechnologien: Zünder, Bomben, radioaktive Quellen und andere explosive Güter sollen künftig mit RFID-Etiketten versehen werden. Sie sollen satellitengestützt über das neue Galileo-System verfolgt und mit Hilfe der EU-Datenbanksysteme überwacht werden können. Um dies realisieren zu können, müssten Forschungsprogramme verstärkt auf Sicherheitsfragen ausgerichtet werden. Der derzeit dafür zur Verfügung stehende Betrag von rund 65 Millionen Euro für das »Programm zur Erhöhung der Sicherheit in Europa durch Forschung und Technologie« sei viel zu niedrig angesetzt.[10]

Eindeutige Identitäten

Der Algerier Salim Boughari reiste illegal nach London. Die britische Regierung schob ihn ab. Zurück kehrte er mit neuem Namen und einem gefälschten italienischen Pass. Später plante er als Mitglied einer Frankfurter Islamisten-Gruppe einen Bombenanschlag in Straßburg. Auch Ramzi Binalshibh reiste – anders als Mohammed Atta – nicht mit seinem eigenen, sondern mit einem gefälschten Pass. Vier Tage vor den Anschlägen vom 11. September setzte er sich mit einem saudischen Pass von Madrid aus Richtung Kabul ab.[1]

Wer als potenzieller Terrorist oder Verbrecher erkannt wird, ehe er das Flugzeug, Stadion oder einen Staat betritt, kann keinen Schaden mehr anrichten. Dies setzt voraus, dass die Ausweise fälschungssicher sind und dass sich sein Inhaber auf einer Fahndungsliste befindet. Attentäter und Kriminelle, die noch nicht aufgefallen sind und unter ihrem richtigen Namen reisen, können durch Identitätskontrollen nicht entdeckt werden. Wie aber lassen sich möglichst genaue Kontrollen organisieren? Wie genau lässt sich die Identität eines Menschen feststellen? Politiker setzen auf die Biometrie, da jeder Mensch einzigartige Merkmale besitzt, über die er sich eindeutig identifizieren lässt. Bislang gilt der Fingerabdruck als das weltweit meistverwandte Mittel zur Personenidentifizierung. Und auch das Gesicht ist mit dem Passbild schon lange in jedem Ausweis.

Neue Passgesetze ermöglichten dies- und jenseits des Atlantiks die Einführung biometrischer Merkmale in Visa und Pässen, die von Computern ausgelesen und ausgewertet werden können. Die neue

Generation der High-Tech-Pässe soll Merkmale von Gesicht, Fingerabdruck und Iris auf einem kontaktlosen Chip[2] speichern. Für die Personenkontrolle können die Beamten dann nicht nur die gedruckten, sondern auch die gespeicherten Daten lesen und mit den Merkmalen des Ausweisinhabers vergleichen.

Schon ab 2005 wollen die EU-Staaten und die USA die neuen Pässe ausgeben. Die Entwicklung wird in Europa von den jüngsten Terroranschlägen in Madrid, aber auch von den amerikanischen Vorgaben beschleunigt: Im Visa-Waiver-Programm dürfen Bürger von 26 Ländern wie Deutschland, Japan und Australien ohne Visum einreisen. Ab Oktober 2004 soll dies nur noch dann möglich sein, wenn der Reisepass biometrische Daten enthält. Da jedoch kein Land zu diesem Termin die Pässe bereithaben wird, werden die US-Botschaften biometrische Visa ausstellen müssen. Das US-Innenministerium befürchtet, dass sich damit die Arbeitsbelastung in den Botschaften verdoppelt, und will deshalb die Frist um zwei Jahre verlängern.

Auf die technischen Grundzüge haben sich die Länder schon geeinigt: Die neuen High-Tech-Ausweise sollen ihre Daten nur bis maximal 10 Zentimeter übertragen können. Die Antenne zur Datenübertragung wird in den Buchdeckel des Passes integriert. Die ersten Muster sind schon im Umlauf: Die schweizerdeutsche Firma Idencom etwa stellt bereits Muster für deutsche, österreichische und skandinavische Reisepässe mit einem kontaktlosen Chip vor. Die Bundesdruckerei[3] hat dazu das passende Lesegerät entwickelt. Es kann sowohl das gedruckte als auch das gespeicherte Lichtbild des Ausweises extrahieren. Es prüft anhand der Sicherheitsmerkmale und maschinenlesbarer Informationen, ob das Dokument echt ist. Das Gerät nimmt ein Bild der Person live auf und vergleicht es mit dem Foto im Personaldokument, um festzustellen, ob derjenige, der den Ausweis vorzeigt, auch wirklich identisch ist mit demjenigen, dem der Ausweis gehört. Das Gerät kann außerdem über einen Datenbankabgleich binnen Sekunden feststellen, ob die Person international gesucht ist. Neuseeland setzt ein solches System für die Identifikation von Personen mittels Gesichtserkennung bereits ein. Auf dem Airport Sofia hat die international tätige Bundesdruckerei ebenfalls ein solches Grenzkontrollsystem installiert. Die niederländische Firma Enschede/SDU produziert in den Niederlanden und Irland bereits Pässe und Personalausweise, die sich mit biometrischen Chips aufrüsten lassen: Beide Ausweise bestehen aus Polycarbonat, in das ein kontaktloser Speicherchip integriert werden kann. Der niederländische Personalausweis kann jetzt schon einen Kontaktchip aufnehmen und so zu einem elektronischen Ausweispapier werden. Es ist also nur noch eine Frage der Zeit, bis die hochmodernen Ausweise und die dazu passenden Kontrollsysteme weltweit eingeführt werden.

Doch ob die Gesellschaft die neuen Ausweise akzeptieren wird, hängt vor allem von einer offenen Informationspolitik der Regierung ab. »Daran mangelt es heute«, kritisiert Thomas Petermann vom Büro für Technikfolgenabschätzung (TAB). Das Spannungsfeld zwischen dem Ziel Sicherheit einerseits sowie den Zielen Schutz der Privatsphäre und Begrenzung des Missbrauchpotenzials andererseits sollte offen diskutiert und durch technische und rechtliche Maßnahmen reduziert werden. Zumindest sollte man dies angesichts der bereits erfolgten Weichenstellungen in den internationalen Standardisierungsgremien versuchen. Die entscheidenden Vorarbeiten für die neuen Pässe finden in den Technical Advisory Committees der Internationalen Zivilluftfahrtorganisation ICAO statt. Doch die ICAO-Gremien sind demokratisch nur schwach legitimiert. Gleichwohl entscheiden sie über die Verbindlichkeit der technischen Vorgaben und damit auch über die gesellschaftlichen Folgewirkungen. Deutschland ist lediglich mit einem Vertreter des Bundesverkehrsministeriums und einem Vertreter des Bundesamts für Sicherheit in der Informationstechnik in den ICAO-Gremien vertreten. Die Gestaltungskompetenz des nationalen Gesetzgebers wird aber durch die globale Koordinierung eingeengt.[4]

Pässe für 188 Länder

Angesichts der internationalen Standardisierung gibt es hinsichtlich der technischen Ausgestaltung kaum noch Wahlmöglichkeiten. Denn nicht jedes Land kann die anspruchsvolle Technik nach Gutdünken einführen. Die Kontrollen müssen schließlich an allen internationalen Grenzen durchführbar sein. Nur gemeinsame Mindeststandards können dies garantieren, die von der UN-Behörde ICAO für 188 Länder festgelegt werden. Schon seit Jahren arbeitet die Behörde daran, biometrische Merkmale in maschinenlesbare Ausweise zu integrieren. Bereits im September 2000 bestimmte sie als biometrisches Merkmal die Gesichtserkennung. Beurteilt hatte die ICAO die verschiedenen biometrischen Verfahren nach Kriterien wie Einführungsaufwand, Erneuerbarkeit, den Anforderungen an eine maschinenlesbare Identifizierung, der Redundanz, Speichermöglichkeiten und Performanz. Die höchsten Werte erzielte die Gesichtserkennung mit 85 Prozent, gefolgt vom Fingerabdruck mit knapp 70 Prozent. Die derzeit größten Projekte arbeiten jedoch mit dem Fingerabdruck: In Südafrika heben Pensionäre schon seit über vier Jahren per Fingerprint ihre staatliche Rente von Geldautomaten ab. In Ägypten können Polizeibeamte Passanten mit mobilen Lesegeräten den Fingerabdruck abnehmen und mit der Karte vergleichen. In Macao hat die Regierung für das nationale Ausweissystem multifunktionale ID-Karten ausgegeben. Dennoch setzte sich das Gesicht als biometrisches Merkmal durch: Der Vorteil der Gesichtserkennung liegt darin, dass Passbilder bereits auf den Ausweisen verwendet werden und nur entsprechend ausgewertet werden müssen. Geht es nach der UN-Behörde ICAO, sollen ab 2006 alle Länder Reisepässe ausstellen können, deren biometrische Daten sich über einen kontaktlosen Chip aus zehn Zentimeter Entfernung auslesen lassen.

Bis zu den Terroranschlägen vom 11. September liefen die Arbeiten in der Standardisierungsbehörde sehr schleppend. Danach jedoch verlangte der Generalsekretär der ICAO, Renato Cláudio Costa Pereira, nach einer »neuen globalen Sicherheitskultur«, die auch »neue Technologien wie Biometrie und maschinenlesbare Reisedokumente« umfasst, um eine »nahtlose Kommunikation zwischen der Luftfahrtindustrie, den Einwanderungsbehörden und Strafverfolgern« zu ermöglichen. Vor allem die USA übten über die internationale Standardisierungsorganisation ISO, die der ICAO zuarbeitet, starken Druck aus. In der ISO koordinieren Behörden wie das NIST[5], das Verteidigungsministerium[6] sowie die NSA[7] die Erarbeitung eines gemeinsamen Standards. Die internationale Standardisierungsorganisation ISO / IEC[8] richtete im Gemeinschaftkomitee für Informationstechnik JTC1[9] auf Drängen der USA einen neuen Unterausschuss »Biometrie« im März 2002 ein.[10] Derzeit erarbeiten fünf Spezial-Arbeitsgruppen parallel Standards für biometrische Daten.

Vor den Anschlägen von Madrid hatten allein die USA das Tempo bestimmt. Doch nun wollen auch die europäischen Regierungschefs bis Ende 2004 eine Gesetzesvorlage auf den Weg bringen. Dann haben die Mitgliedsländer zwei Jahre Zeit für die Umsetzung. Im technischen Bereich ist die Arbeit indessen schon weit fortgeschritten: Mit französischen, österreichischen, schwedischen und slowenischen Firmen entwickelt der deutsche Chiphersteller Infineon im EU-Projekt »Digital Passport« die neue Generation der Reisepässe. Infineon ist an mehr als zehn Pilotprojekten beteiligt, darunter Laborversuche in Australien, den USA und Singapur.

Gemäß den ICAO-Vorgaben sollen in der Europäischen Union Passbilder als biometrisches Merkmal auf einem Chip gespeichert werden. Optional darf ein Land den Fingerabdruck als zusätzliches biometrisches Merkmal entweder im Pass oder einer nationalen Datenbank speichern. Die Iris darf als drittes Merkmal abgespeichert werden. Vor allem Deutschland, Italien und Frankreich hatten die Zusatzmerkmale gefordert.

Die Frage lautet: Welche biometrischen Merkmale eignen sich für die Grenzkontrolle am besten? In den Polizeidatenbanken befinden sich heute vor allem Gesichtsbilder, wenige Bilder von Fingerabdrücken und keine Irisbilder. Die Iriserkennung eignet sich jedoch am besten für automatisierte Kontrollen, wie ein Pilotversuch am Frankfurter Flughafen ergab. Für den Abgleich mit Überwachungslisten für Terroristen und andere Kriminelle wird hingegen das Gesicht bevorzugt. Bundesinnenminister Otto Schily präferiert die in den USA bevorzugt angewandte Praxis der Fingerabdrucksichtung, da sie »für die Suche in großen Dateien besonders geeignet« sei. Dabei soll, so ist es in der Branche allgemein bekannt, der Fingerabdruck allerdings nur für »Eins zu eins«-Abgleiche geeignet sein: Der Beamte vergleicht den gespeicherten Fingerabdruck mit dem vom Ausweisinhaber aufgelegten Finger. Ein Abgleich des gezeigten Fingers mit einer Datenbank, wie er in den USA bevorzugt wird, führt bislang zu hohen Fehlerraten.

Derzeit laufen viele Projekte in den Ländern des Visa-Waiver-Programms. Sie sind als stufenförmige Testläufe geplant, in denen im Jahr 2004 zunächst eine einzige Biometrie-Verfahrenstechnik getestet und Grundfunktionalitäten zum Teil an realen Umgebungsplätzen gezeigt werden. Ob die Kontrollsysteme auch im internationalen Verbund funktionieren, ermittelt seit Sommer 2004 das US-Heimatschutzministerium in einem Ringversuch gemeinsam mit Partnern in Neuseeland, Australien, Japan und Deutschland. Er testet, wie ein multinationales Zugriffsberechtigungssystem aussehen kann und welche Lesegeräte überhaupt welche Reisedokumente lesen können. Bei der UN-Behörde arbeiten seit Jahren vornehmlich Fluggesellschaften und Einwanderungsbehörden aus 188 Ländern an internationalen Standards für Reisepässe.

In einer Verhandlungsrunde bei der Internationalen Zivilluftfahrtorganisation ICAO einigten sich Europäer und US-Amerikaner auf eine gemeinsame Datenstruktur und -verschlüsselung der biometrischen Daten. Die USA hatten zunächst gefordert, dass die Daten unverschlüsselt lesbar sein sollten. Die EU hingegen verwies darauf, dass jeder, auch Unternehmen, die Daten damit lesen könnte. So könnten Unbefugte die Datenübermittlung bei der Passkontrolle zwischen dem RFID-Chip im Pass und dem Lesegerät auf 30 Meter

Distanz abhören. Nun werden die Daten verschlüsselt als »Secure Message« ausgegeben. Wer die Zertifikate und öffentlichen Schlüssel für das asymmetrische Verschlüsselungsverfahren verwalten wird, ist ebenfalls schon ausgemacht: Die ICAO soll die Funktionen einer Zertifizierungsinstanz übernehmen. In diesem Fall würde sie die öffentlichen Schlüssel verwalten und auf ihrer Website veröffentlichen, während die einzelnen Regierungen ihre privaten Schlüssel behalten.

Der neue Standard schreibt eine Speichergröße für den kontaktlosen Chip von 32 KB vor. Damit können die Rohdaten des Gesichts sowie die Personenbeschreibung gespeichert werden. Ländern wie Dänemark und Neuseeland, aber auch den US-Nachbarn Kanada und Mexiko genügt die minimale Anforderung eines einzigen biometrischen Merkmals. Deutschland, Frankreich, Italien, Spanien und die USA setzen jedoch auf zwei biometrische Merkmale, die dann auf einem größeren Chip gespeichert werden müssen. Detlef Houdeau, Leiter der Geschäftsentwicklung bei Infineon, schlüsselt den Speicherbedarf auf: 20 KB sind für den Rohdatensatz eines Gesichts nötig, mit JPEG-Komprimierung sogar nur 16 KB. Laut ICAO darf der Pass keine Templates speichern, die die extrahierten Merkmale enthalten, sondern die Originaldaten, damit die Länder mit unterschiedlichen Extraktionsmerkmalen darauf zurückgreifen können. Bei den zusätzlichen biometrischen Merkmalen dürfen ersatzweise auch Templates gespeichert werden. Pro Finger sind 10 KB nötig. Das Template, in diesem Fall das Abbild der Minutien[11], hat eine Größe zwischen 250 und 750 Byte. Die Iris schließlich benötigt ein 30-KB-Bild beziehungsweise ein 512-Byte-Template, das derzeit jedoch durch ein Patent der Firma Iridium bis 2008 geschützt ist. Auf den Chip werden schließlich auch die persönlichen Daten und Zusatzvermerke wie etwa »Botschaftsangehöriger« gespeichert. Der Bundesdatenschutzbeauftragte Peter Schaar fordert, die Daten »nach Möglichkeit nur als Templates zu speichern«. Templates sind jedoch in der Regel herstellergebunden.

Auch aus technischen Gründen ist der Rückgriff auf die Originaldaten sinnvoll: Eine Studie des Bundesamts für Sicherheit in der Informationstechnik untersuchte, welche Gesichtsdaten sich am besten auswerten lassen:[12] Bei einer Bilddatei sind die Erkennungsleistungen immerhin »viel versprechend«, so die Studie. Wird eine Bilddatei komprimiert, fällt die Leistung etwas ab: Bei schwacher Kompression (Bildgröße ca. 75 KB) verzeichneten die Tester einen »zu vernachlässigenden« Rückgang, bei sehr starker Kompression (11 KB) einen »deutlichen« Abfall. Eine Kompression, die sich in der von ICAO vorgeschlagenen Größenordnung bewegt (14 KB), erzielte »noch akzeptable« Erkennungsleistungen.

Der Reisepass-Chip muss laut ICAO-Standard eine Lebensdauer von über zehn Jahren besitzen und stückgenau rückverfolgbar sein. Sorgen macht den Experten die Frage der Haltbarkeit: Wie müsste ein Reisepass mit eingebettetem Chip und Antenne aussehen, der dem Abstempeln und Knicken zehn Jahre lang standhalten könnte? Ob der Chip nun in dem Plastikkern des Ausweises eingebettet werden soll, wie in Deutschland und den skandinavischen Ländern favorisiert, oder im Deckel, wie in den USA, Frankreich, Italien, Österreich und Spanien bevorzugt, ist noch nicht entschieden. Ob auch das EU-Visum mit einem Chip ausgestattet werden wird, ist noch unklar. So sind die physikalischen Grenzen für die Auslesefähigkeit der im Pass gestapelten Visachips noch nicht ausgetestet. Derzeit prüft Chiphersteller Infineon gemeinsam mit Passherstellern aus Deutschland, Großbritannien und Frankreich, wie viele Chip-Visa ein Pass vertragen könnte. Die USA haben sich bereits gegen einen Chip im Visum entschieden. Ab 2006 sollen die EU-Staaten über das Visa-Informationssystem VIS untereinander Ausweisbilder und biometrische Daten aller Schengen-Visa-Antragsteller austauschen. Rund 12 Millionen Anträge werden für die Einreise nach Westeuropa jährlich gestellt, manche davon gleich mehrfach in verschiedenen europäischen Staaten.

Neben der Forderung, nur Templates zu verwenden, hat auch eine weitere Forderung der Datenschützer wenig Aussicht auf Realisierung: Eine »strenge Zweckbindung« der Daten sicherzustellen und eine zentrale Speicherung zu vermeiden, wird kaum möglich sein. Denn ob die Fingerabdrücke jahrzehntelang in zentralen Datenbanken gespeichert werden oder auch erst gar nicht ausgelesen werden, darüber haben der Bürger und seine Regierung in anderen Ländern keine Gewalt mehr. In den USA werden seit Januar 2004 die Fingerabdrücke der Reisenden aufgezeichnet und für 50 Jahre gespeichert. Gus Hosein von der internationalen Bürgerrechtsorganisation »Privacy International« warnt davor, dass »Staaten, in denen Menschenrechte wenig zählen, riesige Datenbanken aufbauen werden, in denen sie unsere Fingerabdrücke und Gesichts-Scans abspeichern werden, sobald wir ihre Landesgrenzen überschreiten«.[13]

Eine Debatte über die Abwägung von Kosten und Nutzen der neuen High-Tech-Pässe gibt es bislang nicht. Der vom Büro für Technikfolgenabschätzung des Bundestags (TAB) erarbeitete Sachstandsbericht geht davon aus, dass die Einführung einer neuen Ausweis-Generation mit kontaktlosen Chips rund 670 Millionen Euro kosten würde. Bei den laufenden Kosten würde sich der aktuelle Finanzbedarf um jährlich 610 Millionen Euro erhöhen. Der Nutzen sei als »Gefühl einer erhöhten Sicherheit« hingegen nur schwer zu bemessen, sagt Autor Thomas Petermann. Er fordert, dass Politik und Gesellschaft endlich darüber sprechen sollten, wie viel die Sicherheit kosten darf. Der US-Rechnungshof legte schon 2002 eine erste Schätzung vor: Er rechnet bei einer Einführung von biometrischen Pässen in den USA mit Kosten bis zu 8,8 Milliarden US-Dollar und rund 2,4 Milliarden Dollar jährlichen Folgekosten. Die Einführung biometrischer Visa kann bis zu 2,9 Milliarden Dollar kosten – mit jährlichen Folgekosten von bis zu 1,4 Milliarden Dollar. Die Folgen für den Handel und die Tourismusindustrie, so der Rechnungshof, seien dagegen nur schwer zu beziffern.[14] Eine effektive Ausweiskontrolle ist jedenfalls nur möglich durch eine aufwändige Infrastruktur: Nicht nur die Einwohnermeldeämter, sondern auch alle Polizei- sowie Bundesgrenzschutzbeamten müssten künftig mit entsprechenden Lesegeräten ausgestattet werden. Die Frage des richtigen Geschäftsmodells dürfte daher die entscheidende Frage sein. In Brunei haben sich die Ausgaben für das nationale Fingerprint-System schon heute amortisiert: 10 Euro muss ein Brunese für seine ID-Karten zahlen. 17 Euro kostet die »Green Card«, die für die Regierung schon jetzt eine Einnahmequelle darstellt.

»Zweifelsfrei« identifiziert?

Die USA speichern seit Januar 2004 an Flughäfen Fotos und Fingerabdrücke von Einreisenden, die nicht über das Visa-Waiver-Programm einreisen, zur Identitätskontrolle. Der »Enhanced Border Security and Visa Entry Reform Act of 2001«[15] verlangt, dass das neue »interoperable elektronische Strafverfolgungs- und Aufklärungssystem« einen »angemessenen biometrischen Identifikationsstandard« benutzt. Ausländern dürfen demnach nur noch maschinenlesbare und »fälschungssichere« Visa und Reisedokumente mit biometrischen Merkmalen ausgestellt werden. US-Grenzbeamte dürfen Personen, die nicht zweifelsfrei identifiziert werden, nicht einreisen lassen. Doch was heißt »zweifelsfrei«? Der europäische Standard für Zugangskontrolle EN 50133-1 beispielsweise verlangt eine Falschakzeptanzrate von 0,001 Prozent sowie eine Falschzurückweisungsrate von weniger als 1 Prozent. Die Falschakzeptanzrate bezieht sich darauf, dass das System nicht entdeckt, dass Person und Ausweis nicht zueinander gehören. Problematischer für die Praxis sind jedoch die hohen Falschzurückweisungsdaten: In diesem Fall gehört der Ausweis zwar der entsprechenden Person, aber das System kann diese Zuordnung nicht vornehmen. Würden am Flughafen Frankfurt mit seinen jährlich 40 Millionen Fluggästen ein Prozent der Passagiere falsch zurückgewiesen, müsste der Bundesgrenzschutz täglich mit etwa 1100 Fehlalarmen umgehen. Die amerikanische Standardisierungsbehörde NIST veröffentlichte 2002 Testergebnisse von Fingerabdrucksystemen. Demnach konnten 2 Prozent der Fingerabdrücke in der Datenbank nicht ausgewertet werden, da die Fingerrillen durch Reibung zu sehr beschädigt waren.[16] Damit liegt auf der Hand, dass biometrische Systeme den Anspruch nicht einlösen, jede Person aufgrund ihrer einmaligen körperlichen Eigenschaften auch zweifelsfrei erkennen zu können.

Biometrie auf dem Prüfstand

Derzeit verfügen drei Verfahren, nämlich die Gesichts-, Iris- und Fingerabdruckerkennung, über eine in etwa vergleichbare technische Leistungsfähigkeit. Die Handgeometrie fällt demgegenüber etwas ab. Das optimale biometrische Verfahren gibt es indessen nicht, so der vom Büro für Technikfolgenabschätzung des Bundestags (TAB) erarbeitete Sachstandbericht des Bundestags. Dazu Autor Thomas Petermann: »Jedes Verfahren hat seine Vor- und Nachteile.« Unter dem Aspekt des Organisationsaufwandes betrachtet, gilt allerdings die Gesichtserkennung als die praktikabelste Option, da Lichtbilder ausreichender Qualität auf dem Ausweisdokument für die automatische Analyse genutzt werden können. Für Fingerabdruck-, Handgeometrie- und Iriserkennungs-Verfahren müsste hingegen eine komplette Erhebung der biometrischen Daten der deutschen Bevölkerung erfolgen. Danach wäre es bei einer dezentralen Erfassung notwendig, alle Meldestellen und Bürgerbüros mit biometrischen Systemen auszurüsten und das Personal zu schulen.

Nicht nur der Bundestag, auch das Bundesinnenministerium sucht in Studien eine valide Grundlage für seine politischen Entscheidungen. Derzeit laufen im Auftrag des Ministeriums mehrere Projekte zur Gesichtserkennung, dem Fingerabdruck und Iris. Seit Februar 2003 findet ein Iriserkennungsprojekt am Flughafen Frankfurt / Main statt. Beteiligt sind das Bundesinnenministerium, die Lufthafenbetreibergesellschaft Fraport AG und die Lufthansa. Passagiere können nach einer Registrierung beim Bundesgrenzschutz testweise für sechs Monate gekennzeichnete Sonderspuren bei der Passkontrolle nutzen, um zeitraubende Warteschlangen zu umgehen. Die automatisierte Grenzkontrolle bei der Ein- und Ausreise von und nach Nicht-Schengen-Ländern steht Vielfliegern offen. Das Pilotprojekt soll vor allem die Funktionsfähigkeit der Anlagen im Alltagsbetrieb testen und die Akzeptanz beim Publikum herausfinden. Ausgelegt ist es auf 10 000 Passagiere. Binnen weniger Wochen ließen sich mehr als 2000 Passagiere registrieren. Eine zweite, deutlich komplexere Testphase, die als Vorstufe zur flächendeckenden Einführung gelten kann, schloss sich unmittelbar an. Ebenfalls am Flughafen Frankfurt erproben jeweils 1000 Beschäftigte drei biometrische Merkmale, nämlich Gesichtserkennung, Fingerabdrücke und Iris. Die Testpersonen werden einmal registriert und sollen sich dann jeweils kurz an- bzw. abmelden. Das Projekt namens BIOP II soll Hinweise darauf geben, welche biometrischen Merkmale sich am besten für die neuen Personaldokumente eignen.

Erste Testergebnisse veröffentlichte das Bundesamt für Sicherheit (BSI) in der Informationstechnik bereits 2003 in der Studie »BioFace II«[17] zur Erkennungsleistung von vier Gesichtserkennungssystemen. Dabei kam es zu vernichtenden Urteilen. Die Tester stellten fest, dass den Systemen keine eindeutige Trennung der übereinstimmenden von den nicht übereinstimmenden Merkmalen gelang. Die aufgezeichneten biometrischen Merkmale einiger Testpersonen glichen sich so stark, dass die Tester von »beinah biometrischen Zwillingen« sprachen. Im Praxistest, der eine Zugangskontrollsituation nachstellte, erkannten zwei der vier getesteten Systeme »fast keine der Testpersonen, wobei das schlechtere dieser beiden Systeme so unzuverlässig war, dass es nur an wenigen Tagen überhaupt in Bereitschaft war«. Die Erkennungsleistung der anderen Systeme lag unter 50 Prozent. In einer zweiten Studie ließ das BSI gemeinsam mit dem Bundeskriminalamt zwei unterschiedliche Erkennungssysteme untersuchen, die aus einem Auswahltest hervorgegangen waren. Die Ergebnisse wurden im Frühjahr 2004 veröffentlicht: Von Januar bis August 2003 hatten Mitarbeiter des BKA als Testteilnehmer dem Bundesdruckerei-Ausweisleser »Verifier« bei jeder Bedienung ihren

Musterpersonalausweis aufgelegt, der die Personalausweisnummer und das gescannte Lichtbild für die Gesichtserkennungssysteme bereitstellen sollte. Nachdem der Ausweisleser die erforderlichen Informationen des Dokuments erfasst hatte, nahm eine Kamera fortlaufend Bilder des Teilnehmers auf und verglich sie mit einer gespeicherten Referenzbasis. Eines der Systeme erlaubte den Betrieb sechs verschiedener Gesichtserkennungsalgorithmen – das Lichtbild des Musterpersonalausweises entsprach den ICAO-Empfehlungen. Die Ergebnissse waren allerdings »noch nicht zufriedenstellend«, ließen jedoch ein »gewisses Verbesserungspotenzial« erkennen. Das BSI untersuchte auch, ob der Bundespersonalausweis in seiner heutigen Form für die biometrische Gesichtserkennung verwendbar ist. Da die Lichtbilder in puncto Kontrast und Helligkeit im Einzelfall »sehr schlechte« Ergebnisse liefern, aber auch Gesichtsdarstellungen im Halbprofil nicht nutzbar sind, erwies sich der Personalausweis als ungeeignet. Auch das EU-Visum ließ sich biometrisch nicht verwerten: Die optischen Sicherheitsmerkmale wie Melierfasern[18] und Untergrunddruck[19] störten die Erkennung.

Übrigens zeigten sich beide beteiligten Systeme nicht »überwindungssicher«: Sie ließen sich einfach mit vorgehaltenen Gesichtsfotos überlisten. Da jedoch auf die Lebenderkennung bislang kein großer Wert gelegt wurde, hielten dies die Prüfer für wenig relevant. Unakzeptabel war jedoch, dass beide Systeme in einem Fall Personen verwechselten, die sich »nur ansatzweise ähnlich« waren. Die Folge: Ohne großen Aufwand könnte sich eine Person mit dem Ausweis einer anderen Person identifizieren und als berechtigter Dokumenteninhaber vom System akzeptiert werden.

Immer wieder wurden in der Vergangenheit Flops bekannt: In Tampa/Florida schaffte die Polizei das innerstädtische Gesichtserkennungsprojekt wieder ab. Das Gesichtserkennungssystem der Firma Visionics hatte in zwei Monaten keinen einzigen Treffer, sondern nur Fehlermeldungen produziert. Die US-amerikanische Bürgerrechtsgruppe ACLU stellte nach einer Durchsicht der Protokolle fest: »Die Technik hält nicht, was sie verspricht.«

Im deutschen Biotrust-Projekt testeten über 400 Nutzer mit über 75 000 Nutzungen mehr als 12 biometrische Verfahren. Dabei wurde überprüft, unter welchen Bedingungen Biometrie am Geldausgabeautomaten zum Einsatz kommen kann. Im Ergebnis rechneten die Projektteilnehmer nicht mit einem flächendeckenden Einsatz der Biometrie an Geldautomaten in den nächsten zehn Jahren. Denn 5 bis 10 Prozent der Probanden wurden regelmäßig abgewiesen, weil das System sie nicht eindeutig erkannte. Auch neuere Testergebnisse sind wenig überzeugend: Im Januar 2004 stellte die International Biometric Group (IBG), die auch das US-Heimatschutzministerium berät, den jüngsten Biometrietest vor. Sie hatte die Produkte von elf Herstellern getestet und dabei große Unterschiede festgestellt: Bei der Ersterfassung reichten die Fehlerraten von 0 bis 23 Prozent, nach sechs Wochen wurden noch immer bis zu zwei Drittel der Versuche falsch abgewiesen. Dies hat zwei Ursachen: Zum einen können sich Körpermerkmale wie der Fingerabdruck im Laufe der Zeit ändern, zum anderen wechselt auch das Verhalten der Menschen: Wochen später legen manche Menschen ihren Finger ein wenig anders auf den Sensor als beim Erstkontakt.

Für IBG-Direktor Dennis Carlton steht jedoch fest, dass biometrische Systeme nicht zu 100 Prozent sicher sein müssen, um die Sicherheit an den Grenzen zu erhöhen: »Die bloße Existenz eines Geräts, das einen Einzelnen mit seinen Ausweispapieren in Verbindung bringen kann, wird für viele Betrüger abschreckend sein.« Es ist wohl eher der psychologische Effekt denn die technologische Leistungsfähigkeit, die mehr Sicherheit verspricht. Das Fazit ist eindeutig: Noch kann die Biometrie in demokratischen Staaten nur als ergänzendes Mittel zu den herkömmlichen Kontrollen eingesetzt werden.

Die Attacke der Gummifinger

Automatisierte Grenzkontrollen wurden bislang nicht nur wegen der hohen Falschzurückweisungsraten kaum realisiert.[20] Biometrische Systeme können auch ausgetrickst werden. Der zentrale Angriffspunkt liegt schon im Prinzip: Biometrische Merkmale mögen eindeutig und einzigartig sein, geheim aber sind sie nicht – die meisten tragen wir Menschen ja offen mit uns herum. Im April 2001 hatten IBM-Wissenschaftler acht mögliche Angriffsszenarien entwickelt. Angriffspunkte sind vor allem der Sensor, die Verbindung zwischen Sensor und Verarbeitungseinheit sowie die Verbindung der Verarbeitungseinheit mit weiteren Einheiten wie dem Datenbank-Server. Wie leicht Fingerabdruck-Tester trotz aller Verbesserungen der letzten Jahre zu täuschen sind, führte der japanische Mathematiker Tsutomu Matsumoto mit einer kleinen Bastelei vor: Er überlistete mit Hilfe von Gelatinefingern gleich elf biometrische Systeme.[21] Im Labor der Yokohama National University erprobte er verschiedene Verfahren. Im Mai 2002 stellte er sie auf der Eurocrypt-Tagung in Amsterdam vor. Matsumotos Anleitung ist denkbar einfach: Man kaufe in einem Bastelgeschäft ein Päckchen mit Silikonkügelchen. Daraus mache man rasch eine Gussform – einfach die Kügelchen in heißem Wasser erwärmen und daraus einen weichen Silikonball formen. In den Ball presse man den nachzubildenden Finger. Die Form abkühlen lassen. Derweil löse man Gummibärchen-Gelatine in einem Glas Wasser auf, gieße sie in die Form und stelle sie in den Kühlschrank. Nach insgesamt 40 Minuten kann man den Abdruck vorsichtig herauslösen. Fertig. Kosten: etwa 10 Euro. Zu erkennen ist hier das bekannte Wettrennen von Hacker-Kreativität gegen Sicherheitstechnik. Zuletzt hatten 1998 Forscher in einem Test vier von sechs optischen Sensoren mit Silikonfingern überlistet. Die Systeme wurden seither verbessert. So vermögen Halbleiter-Sensoren heute lebendes Gewebe anhand seiner elektrischen Eigenschaften zu erkennen. Matsumotos Gummifinger überlisten nun auch solche Systeme, da sie ähnliche physikalische Eigenschaften wie menschliche Haut aufweisen – im Gegensatz zu Silikonfingern zum Beispiel 23 Prozent Feuchtigkeit. Obwohl die Gelatineversionen auf die einzelnen Sensoren mehr Druck ausüben als echte Finger, werden sie akzeptiert – von manchen Produkten immer, von den besten nur in drei von vier Fällen. Für den Dauereinsatz sind die Gummibärchen-Finger jedoch kaum geeignet. Denn manche Finger wurden beschädigt, weil sie von den Sensoren erhitzt wurden. Nun mag man den Test gelassen sehen, weil jeder potenzielle Eindringling ja erst einmal den Originalfinger braucht, um einen Abdruck anzufertigen. Vernichtend für die Technik ist eher das zweite Verfahren, das Matsumoto ausprobierte. Dabei stellt er ein täuschend echtes Gelatinerelief aus Fingerabdrücken her, wie wir sie alle täglich überall an glatten Oberflächen hinterlassen.[22]

»Es gibt viele Möglichkeiten, die Systeme zu täuschen«, schreibt Matsumoto. »Die Resultate genügen als Beweis dafür, dass kommerzielle Fingerabdrucksysteme künstliche Finger akzeptieren.« Der kalifornische Sicherheitsexperte Bruce Schneier ist davon überzeugt, dass man mit Matsumotos Gummifingern sogar Sensoren überlisten kann, die von Sicherheitsleuten überwacht werden: »Stülpen Sie sich den durchsichtigen Gelatine-Abdruck einfach über Ihren eigenen Finger. Wenn Sie drin sind, essen Sie das Beweismaterial auf.« Die Hersteller der gängigen Systeme könnten nach diesen Resultaten nun erst einmal einpacken, sagt Schneier. Matsumotos Versuch nur als eindrucksvoll zu bezeichnen, sei »noch eine Untertreibung«. Der Fraunhofer-Experte Dirk Scheuermann weist auf eine weitere Gefährdung hin: Manipulierte Daten könnten nicht nur über den Sensor, sondern auch direkt in das elektronische System eingespielt werden. In Darmstadt arbeiten die Forscher derzeit daran, dass die Elektronik mit Hilfe kryptografischer Verfahren die echte Datenquelle erkennen kann. Reichlich Wirbel lösten auch die Testergebnisse aus, von denen die Computerzeitschrift *c't* ebenfalls im Frühjahr 2002 berichtete.[23] Die Redakteure umgingen mit noch simpleren Basteleien nicht nur Fingerabdrucksysteme, sondern auch Gesichtserkennungs- und die als sehr sicher geltenden Iris-

Scanning-Systeme. Sie stellten künstliche Finger her – mit Hilfe von Teelichtern! Dazu pressten sie den Finger in das leicht abgekühlte Wachs und gossen das Förmchen mit Silikon aus. Und schlimmer noch: Fingerabdruck-Scanner wie Infineons Halbleitersensor ließen sich allein schon durch die Reaktivierung eines alten Fingerabdrucks täuschen. Einfaches Anhauchen genügte, um die Fettrückstände von Fingerabdrücken erscheinen zu lassen. Auch mit einer mit Wasser gefüllten Plastiktüte, die die Tester vorsichtig auf die Sensorenoberfläche setzten, konnten sie die Latenzbild-Reaktivierung erreichen. Ebenfalls überlisten ließ sich der Fingerbild-Sensor mit einer Klebefolie. Dafür stäubten die Redakteure Fettrückstände des Fingerabdrucks mit Graphitpuder ein, legten die Klebefolie darüber und übten anschließend einen leichten Druck auf die Sensorfläche aus. Auf dieselbe Weise nahmen die Tester auch Abdrücke von Gläsern und CDs ab – mit einer sehr hohen Erfolgsquote auch im erweiterten Sicherheitsmodus. Thomas Zollver, Leiter des Bereichs Sicherheit-ICs bei Infineon, gab zu, dass die Fälschungsaufklärung weder im Infineon-Sensor noch in der Siemens-Software erreicht wurde.[24] Auch bei der Gesichtserkennung wurden die Erwartungen enttäuscht: Das Gesichtserkennungssystem von Cognitecs FaceVACS-Logon täuschten die *c't*-Redakteure, indem sie der Kamera mehrere Personenbilder vorhielten. Die Lebenderkennung konnten die Tester durch das Vorspielen von Videoaufnahmen austricksen. Cognitec-Vertriebsleiter Jürgen Pampus gab zu, dass diese Schwäche bereits bekannt gewesen sei. Bei Hochsicherheitsanwendungen würde auch ein entsprechend hoher Aufwand betrieben, um das System sicher zu machen. Da es jedoch bei dem PC-Zugangssystem auch um Bequemlichkeit gehe, werde die PC-Software deshalb nicht geändert. Etwas kniffliger gestaltete sich das Täuschungsmanöver bei den als sehr sicher geltenden Iriserkennungssystemen. Hier genügte es nicht, der Systemkamera das Foto einer Iris entgegenzuhalten. Als die Tester jedoch ein kleines Loch in die Fotografie schnitten und diese vor ihre Pupille hielten, akzeptierte die Authenticam von Panasonic die Fotografie als echte Iris. Panasonic-Produktmanager

Harald Zander wies allerdings darauf hin, dass die Authenticam nur im Low-Level-Bereich eingesetzt wird: »Die Authenticam ist kein Hochsicherheitssystem, sondern sollte nur anstatt per Passwort per Iris einen PC-Zugang ermöglichen.« Anders als im Hochsicherheitsbereich verfügt das System nicht über eine Lebenderkennung. Dennoch könne, so schränkt Zander ein, ein Porträtfoto als Vorlage nicht verwendet werden.

Die Frage der Überwindungssicherheit spielte auch beim Pilotprojekt »Automatisierte und biometriegestützte Grenzkontrolle« am Frankfurter Flughafen eine wichtige Rolle. Das Bundesinnenministerium definierte als Ausschlusskriterium, dass sich das Iriserkennungssystem durch eine Fotografie täuschen lasse. Es verlangte eine formale Evaluierung und Zertifizierung der Lebenderkennung. Im Laufe des Vergabeverfahrens gestand das Ministerium den Bietern jedoch »Erleichterungen« zu, nachdem es erfahren musste, dass es derzeit auf dem Markt kein zertifiziertes System gibt, das eine ausreichende Lebenderkennung durchführen kann. Das Ministerium teilte den Herstellern daraufhin mit, dass es genüge, wenn ihr Angebot technische Unterlagen zur Funktionsweise der Lebenderkennung enthalte. Aufgrund dieser Angaben würde dann geprüft, ob die verwendeten Systemkomponenten dazu überhaupt in der Lage wären. Am Ende lag keinem der Angebote die geforderte technische Erläuterung bei. Die Hersteller beriefen sich auf Betriebsgeheimnisse. Schließlich begnügte sich das Bundesinnenministerium mit einer Zusicherung, dass die Systeme eine Lebenderkennung beinhalteten. Ob die Systeme jedoch tatsächlich überwindungssicher sind, wurde nicht geprüft.[25]

Biometrie für den Rechtsstaat

Bei biometrischen Verfahren hängt es stark von der Anwendung ab, wie gut ein System funktionieren kann. Praxistauglich etwa sind Systeme, bei denen »nur« geprüft werden muss, ob die auf einer Chipkarte gespeicherten Merkmale wie Fingerabdruck oder Gesicht mit dem Kartenbesitzer übereinstimmen. Genau eine solche Anwendung könnte auch bei den Personaldokumenten in Frage kommen. Aus der Perspektive des Datenschutzes sind solche Verfahren ohnehin weniger riskant, da die personenbezogenen biometrischen Merkmale nicht zentral gespeichert werden müssen. Der Bundesdatenschutzbeauftragte Peter Schaar sieht einen deutlichen Zusammenhang zwischen dem Verfahrenstyp und der Qualität des Datenschutzes. Positiv sei etwa an der Iris-Erkennung, dass der Bürger hierbei aktiv und bewusst mitwirken muss. Die IBG hingegen glaubt, dass der Datenschutz weniger durch den Einsatz einer bestimmten Technologie denn durch die Verfahrensprozesse selbst gewährt werden könne. Dennis Carlton wies jüngst vor einem Sonderausschuss des US-Repräsentantenhauses darauf hin, dass es »wichtig ist, dass jeder in vollem Umfang darüber informiert wird, wie seine Daten genutzt, weitergegeben und gesichert werden«.

Bürgerrechtler weisen darauf hin, dass die Massenanwendungen bisher in Ländern zum Einsatz kommen, die nicht unbedingt den rechtsstaatlichen und damit auch daten- und verbraucherschutzrechtlichen Anspruch wie Deutschland haben. In rechtsstaatlichen Schwellenländern wie Ägypten, Indien oder Brunei installierten deutsche Firmen wie die Bundesdruckerei, Dermalog oder Giesecke & Devrient Ausweissysteme. Dermalog lieferte mehrere hunderttausend Chipkarten an das kleine asiatische Sultanat Brunei. Worüber in Deutschland noch gestritten wird, ist dort bereits Realität: Der Daumenabdruck auf einem Lesegerät genügt, und das Einwohnermeldeamt kann überprüfen, ob der Antragsteller bereits einen Ausweis bekommen hat. Schon heute können sich die Brunesen die Rentenabrechnung per Karte ausdrucken lassen. Die Einwanderungsbehörde gibt sechs Monate lang gültige »Green Cards« an Gastarbeiter aus. Mit der Karte sollen die Brunesen dann an 24-Stunden-Kiosken selbst Verwaltungsvorgänge abwickeln. Ob das Brunei-Projekt für Deutschland Vorbild sein kann, ist mehr als fraglich: Allein die Zentraldatei würde auf den erbitterten Widerstand der Datenschützer stoßen. Doch die sensationell niedrige Falschzurückweisungsquote ist ein Argument, sie liegt laut Hersteller Dermalog bei knapp einem Prozent. Mit der Akzeptanz soll es auch keine Probleme gegeben haben.[26] Wolfgang Schneider, Leiter des Bereichs Smartcard-Technologie des Fraunhofer-Instituts SIT in Darmstadt, glaubt allerdings nicht, dass eine Quote von einem Prozent wie in Brunei in Deutschland akzeptiert werden kann: »Dies würde auf Rechtsvorbehalte stoßen.« Außerdem könne man mit Hilfe des Fingerabdrucks automatisch nur zu 90 Prozent eine Person richtig identifizieren. In 10 Prozent der Fälle sei eine Einzelabschätzung nötig. Ein sehr genauer Abgleich ist aber nur dann möglich, wenn der Abgleich mit Hilfe einer Zentraldatei und entsprechender Rechenpower gemacht werden kann. »Findet der Abgleich auf der Chipkarte selbst statt, kommt es aufgrund des einfacheren Algorithmus zu höheren Fehlerquoten«, gibt Schneider zu bedenken. Diese seien jedoch nur dann akzeptabel, wenn damit keine dramatischen Rechtsfolgen verbunden sind. Damit würde eine datenschutzfreundliche Architektur nicht unbedingt auch die zuverlässigsten Ergebnisse liefern. Diese wären jedoch nötig, um unschuldige Bürger vor zu viel staatlichen Eingriffen zu bewahren. Eine Lösung des Dilemmas ist bislang noch nicht in Sicht.

RFID-Funkchips

Werden die neuen Ausweise unsere Privatsphäre einschränken? Machen sie uns auf Schritt und Tritt verfolgbar? Oder erhöhen sie lediglich die Sicherheit für den Staat, ohne die Freiheit des Bürgers zu beeinträchtigen? Die neue Technik, die in den Ausweisen zum Einsatz kommt, ermöglicht eine weitaus genauere Identifizierung einer Person als je zuvor. Biometrische Systeme vermessen den menschlichen Körper und weisen ihm einen zahlenbasierten Charakter zu. Der implementierte RFID-Funkchip erlaubt die berührungslose Identifikation. Je nach Chipart müsste der Ausweisinhaber den Ausweis nicht einmal mehr vorlegen. Er würde schlicht und einfach kontaktlos ausgelesen. Die Datenübertragung erfolgt in bestimmten Frequenzbereichen, daher auch die Bezeichnung RFID für die Funkchips – Radio Frequency Identification.

Dies löst ganz unterschiedliche Einschätzungen aus: Udo Helmbrecht, Präsident des Bundesamts für Sicherheit in der Informationstechnik, hält die Technik datenschutzrechtlich für unbedenklich, »solange niemand den Chip schluckt«. Spätestens dann nämlich wäre der Mensch eine wandelnde ID-Nummer. Big-Brother-Preis-Organisator padeluun[27] zeigt sich grundsätzlich misstrauisch gegenüber behördlichen Versicherungen, der Ausweis könne nur gegen Vorlage durch seinen Besitzer ausgelesen werden. Er hält es generell für »ein Verbrechen, Menschen als Nummern automatisch abfragbar zu machen«.[28] Er befürchtet, dass jeder Passträger durchnummeriert wird und mit Hilfe des Funkchips sogar geortet werden kann. Der Staat könnte dann jeden Ausweisträger lokalisieren. Was ist dran an dieser Befürchtung?

In der Zukunft sollen Funkchips nicht nur auf den Personaldokumenten, sondern auch in der Warenwirtschaft den Strichcode ablösen. Der Bielefelder Verein Foebud, der jährlich in Deutschland die Big-Brother-Preise organisiert, startete Ende 2003 eine erfolgreiche Informationskampagne, um auf die möglichen Gefahren hinzuweisen. Der Code ist groß genug, um weltweit jeden Gegenstand eindeutig zu identifizieren. Je nach Typ können die RFID-Chips weniger als einen Quadratmillimeter groß und dünner als ein Blatt Papier sein. Deshalb könnten sie auch in Geldscheinen eingebaut werden. Technologiestudien gehen davon aus, dass spätestens 2010 RFID-Etiketten die heutigen Barcodes ersetzt haben werden.[29] Nicht nur die Warenflusskontrolle, sondern auch das Einkaufen soll in Zukunft mit Hilfe der RFID-Etiketten viel einfacher werden: Die Waren verlassen auf den Paletten das Lager und werden an einer elektronischen Schranke ausgebucht. Analog kann auch beim Einkaufen der Waren- und damit auch der Wertefluss kontrolliert werden: Der Kunde verlässt mit seinen Waren den Laden, ohne an der Kasse anzustehen. Der Betrag wird beim Verlassen des Geschäfts von seinem Kundenkonto abgebucht. Der Wertefluss könnte aber ganz direkt kontrolliert werden – per Funkchip im Geldschein: So soll die Europäische Zentralbank (EZB) darüber nachdenken, einzelne Banknoten mit einer unsichtbaren, aber eindeutigen Markierung zu versehen, um mit Hilfe der Identitätsnummern illegale Geldgeschäfte lückenlos nachzuvollziehen oder die Echtheit einer Note nachzuprüfen.[30]

Wie funktioniert nun das RFID-Etikett genau? In der Theorie funkt ein Lesegerät das Etikett an, das dann seine Daten preisgibt. Die hierfür verwendeten Frequenzbereiche haben jedoch ihre Eigenheiten: Im Hochfrequenzbereich von 13,56 MHz können etwa Dosen zum Problem werden. Denn Metall schirmt die elektromagnetischen Wellen ab und damit auch die Datenübermittlung. Im Rheinberger »Future Store« experimentiert der Metro-Handelskonzern denn auch nicht mit Dosen, sondern mit Philadelphia-Frischkäse, Gilette-Rasierklingen, Shampoo und Videos. Schon wenn zwei Etiketten übereinander liegen, stören sie sich gegenseitig. Auch die Funkantennen der Chips müssen auf eine bestimmte Weise zum Lesegerät ausgerichtet sein, damit sie von den Lesegeräten erfasst werden können – selbst funken sie nicht, sondern sie geben die Daten preis, wenn sie angefunkt werden. Die Waren sind nur dann sicher zu identifizieren, wenn der Kunde sie einzeln auf ein

Förderband stellen würde. Erst im Ultrahochfrequenzbereich von 2,45 GHz lassen sich verschiedene Produkte aus einem Warenkorb auslesen. Doch hier stören wasserhaltige Gegenstände wie Melonen oder Joghurts die Datenübertragung. Zurzeit kann deshalb kein RFID-System Produkte in einem gemischten Warenkorb oder auf dicht gepackten Europaletten identifizieren. »Die Erfassung eines gemischten Warenkorbs mit Gütern des täglichen Bedarfs ist derzeit definitiv nicht machbar«, bestätigt Dierk Früchtenicht. Er ist Leiter der Entwicklung bei PAV Card, einem Hersteller von RFID-Funkchipkarten.

Ausgereift ist die Technik zwar noch nicht, doch über Geschäftsmodelle denken Marketingleute derzeit intensiv nach. Die verschiedenen Einsatzszenarien orientieren sich vor allem an den Kosten: Ein Transponder, der allein eine Identifikationsnummer trägt, kostet etwa einen Cent. Ein Transponder wie im Rheinberger »Future Store«, der zusätzlich einen elektronischen Produktcode speichern kann, kostet zwischen 30 und 40 Cent. Transponder mit smartcardähnlichen Chips, wie sie auf den Reisepässen zum Einsatz kommen werden, sind wesentlich teurer. RFID-Hersteller IBM behauptet, dass Unternehmen ihre Inventurkosten mit den kleinen Chips um 25 Prozent senken können.

»Die Faszination von RFID besteht derzeit fast ausschließlich im Diebstahlschutz«, sagt Big-Brother-Preis-Organisator Padeluun. Die Kaufhauskonzerne Wal-Mart, Kaufhof und Metro führten mit der RFID-Technik bereits Pilotprojekte durch, die von Verbraucher- und Datenschützern aufmerksam verfolgt wurden: In einer Filiale der britischen Supermarktkette Tesco in Cambridge tauchten im Juli 2003 erstmals Gilette-Rasierklingen auf, die mit den kleinen kontaktlosen Chips ausgestattet waren. Gilette will mit Hilfe von RFID seine Logistikkette verbessern. Die Vereinigung »Consumers Against Supermarket Privacy Invasion and Numbering«[31] fand jedoch heraus, dass der Supermarktbetreiber Tesco zusätzlich jeden Kunden heimlich fotografierte, der nach den Packungen griff. An den Kassen filmten Kameras alle Kunden, die mit einer RFID-Ware den Laden verlassen wollten. Metro testet in seinem »Future Store« in Rheinbach ebenfalls unter realen Bedingungen den Einsatz und das Zusammenspiel verschiedener neuer Technologien. Die RFID-Technologie ermöglicht hier eine berührungslose Übertragung von Produktinformationen, etwa Preis, Hersteller, Mindesthaltbarkeitsdatum und Gewicht eines Produkts, per Funk. Obgleich Metro anders als Tesco ankündigte, den Einsatz der neuen Technologien für den Verbraucher transparent zu gestalten, musste auch Metro mit negativen Schlagzeilen fertig werden, als der Datenschutzverein Foebud [32] einen RFID-Chip auf einer Kundenkarte entdeckte. Die Metro-Handelskette hatte ihre Kunden nicht darüber aufgeklärt: Auf dem Antragsformular für die Karte, die Kunden nur im »Future Store« nutzen können, erwähnte der Konzern den Chip mit keinem Wort. Neben besonderen Kundendienstleistungen konnte der Konzern so kontrollieren, wann ein Kunde den Laden betrat und wieder verließ. Nachdem die Veröffentlichung des Kundenkartenchips in der Wirtschaftspresse Widerhall fand und zu kleinen Einbrüchen des Aktienkurses führte, zog Metro die RFID-Kundenkarte zurück.

In einem gemeinsamen Positionspapier[33] wiesen internationale Verbraucherschutz- und Bürgerrechtsorganisationen auf die Gefahren für Privatsphäre und Bürgerrechte hin. Dabei kritisierten sie besonders, dass RFID-Chips versteckt an Objekten oder Dokumenten angebracht werden können, ohne dass der Empfänger dies weiß. Zudem könnten die Etiketten von versteckten Lesegeräten ausgelesen werden. So seien solche Geräte bereits in Fußbodenbrettern eingebaut, in Teppiche und Bodenmatten eingewebt, in Türrahmen versteckt und nahtlos an Einzelhandelsregalen und Schaltern angebracht worden. Gespeichert werden die Codes in großen Datenbanken. Niemand wüsste, was wann über wen auf diese Weise gespeichert werde. Die internationalen Verbraucherschützer fordern deshalb eine »faire Informationspraxis« gegenüber dem Kunden. Bestimmte Anwendungen sollten gar gesetzlich verboten werden. Auch sollten Bürger RFID-Etiketten suchen und deaktivieren können. Die Erstellung von Bewegungsprofilen etwa über RFID in Geldscheinen sollte ebenfalls nicht erlaubt sein. Dem schloss sich auch der Bundesdatenschutzbeauftragte Peter Schaar an. Er forderte, Verbrauchern technische Mittel an die Hand zu geben, um die Chips auszulesen und nach dem Kauf deaktivieren zu können. Erst vor kurzem erhielt Foebud von der Stiftung »Bürgerrechte in der digitalen Gesellschaft« 15 000 Euro zur Realisierung eines entsprechenden Geräts zugesprochen. Dieses wird Daten jedoch nur auslesen, nicht zerstören. Schließlich kann eine Zerstörung vor dem Kauf durch ein solches Gerät nicht ausgeschlossen werden. Im Frühjahr 2004 präsentierte die amerikanische Sicherheitsfirma RSA auch schon die passende Lösung: Ein Störsender blockiert das Auslesen der Daten aus dem RFID-Etikett. Glaubt man Metro-Sprecher Albrecht von Truchseß, ist die Vision des chipgesteuerten gläsernen Kunden noch weit entfernt: Er bestritt, dass Metro mit den Daten Kundenprofile erstellen könne: »Kundendaten werden mit Produktdaten nicht zusammengebracht.« Laut Truchseß hätte dies auch keinen Sinn: »Stellen Sie sich nur die unglaublichen Datenmengen vor, die allein bei Real mit einer Million Kunden täglich erzeugt würden.« Interesse bestehe nur an bestimmten Warengruppen, die von den Kunden erworben werden. Allerdings weist er darauf hin, dass es für den Kunden durchaus nützlich sein könne, die Identitätsnummern der Waren nicht zu löschen: So könnten Kunden auch ohne Kassenquittung Waren umtauschen oder Hersteller bei Lebensmitteln gezielt Rückrufaktionen starten.

Obgleich die RFID-Etiketten zur Warenflusskontrolle heute erst versuchsweise eingesetzt werden und die Technik derzeit noch enge Grenzen setzt, haben Wissenschaftler bereits viel weiter gehende Einsatzszenarien entworfen, die nichts Gutes verheißen: Sie denken an einen Chip, der Orts- und Personendaten über große Strecken hinweg übermittelt. Rainer Fahs, Computer-Sicherheitsexperte der Nato-Luftstreitkräfte, befürchtet nun, dass künftig Erpresser mit RFID-Lesegeräten nach der Identität der Passanten fischen. Möglich sei dies bereits mit Hilfe eines Funk-Bibliotheksausweises oder einer neuen Krawatte mit Chip. Er fordert deshalb, alle per RFID auslesbaren Informationen zu verschlüsseln. Dabei entwickeln heute schon Firmen Geschäftsmodelle für Identifikationssysteme, die Personen mittels implantierter Chips lokalisieren können sollen.[34] Wie RFID-Chips geben sie Daten kontaktlos weiter und sind nahezu unsichtbar. Fahs warnt: »Wir müssen sehr aufpassen, dass damit nicht die Überwachung von Einzelpersonen möglich wird.« Denn »1984 wäre ein Witz dagegen«.[35]

Bürger Nr. 98-765-432-1

Die RFID-Chips könnten nicht nur biometrische Daten speichern, sondern auch Identifikationsnummern für jeden Bürger. In absehbarer Zeit werden ID-Nummern in Deutschland wegen verfassungsrechtlicher Bedenken jedoch nicht verteilt. Auch in diesem Fall aber gilt: Was technisch möglich ist, könnte auf absehbare Zeit doch Anwendung finden. Auf bestehende rechtliche Barrieren dürfen sich Datenschützer und Bürgerrechtler nicht verlassen, wenn sie mahnen, dass der Staat »seine Bürgerinnen und Bürger nicht zur Nummer abstempeln« dürfe. Durch die technische Entwicklung seien schon heute vorhandene Dateien leicht miteinander zu verknüpfen.[36] Auch neuere rechtliche Entwicklungen zeigen schon in die gleiche Richtung: Das Steueränderungsgesetz sieht eine zentrale Registrierung und Nummerierung aller Bürger und Unternehmen beim Bundesamt für Finanzen vor. In der Regel besteht die ID-Nummer neben einer zufälligen Zahlenfolge aus persönlichen Daten wie dem Geburtsdatum und -ort und dem Geschlecht. Eine Abgabenordnung soll in Zukunft in einem neuen Unterabschnitt »Identifikationsmerkmal« festlegen, dass jede Person eine bundesweit einmalige Identifikationsnummer und jeder Betrieb eine eindeutige Wirtschafts-Identifikationsnummer erhält, die gemeinsam mit weiteren individuellen Daten zentral gespeichert und genutzt werden sollen. Die ID-Nummer ist nicht nur für das Bundesamt für Finanzen interessant. Denn auch das Bundesarbeitsministerium plant schon seit längerem eine ID-Nummer für Unternehmen und Bürger, die wirtschaftlich tätig sind. Sie sollte bis Januar 2005 eingeführt werden und eine Reihe bisher genutzter ID-Nummern ersetzen. Ein einschlägiger Pilottest für Unternehmen lief bereits in Bayern. Dort wurde die Wirtschafts-ID nicht nur von den Finanzbehörden, sondern auch von der Gewerbeaufsicht, von Sozialleistungsträgern wie von Berufsgenossenschaften oder Krankenversicherungen und von Kammern genutzt.

Während die Identifikationsnummern (IDs) vorläufig nur von den Finanzbehörden genutzt werden dürfen, können die damit verknüpften Wirtschafts-IDs von allen privaten oder öffentlichen Stellen verwendet werden. Die Wirtschafts-IDs werden jeder wirtschaftlich selbständigen Einheit vergeben, vom Privathaushalt, der eine Hilfskraft einsetzt, über den Einzelhandelskaufmann und den selbständigen Arzt oder Rechtsanwalt bis hin zu global operierenden Aktiengesellschaften. Für die Datenschutzorganisation DVD ist dies ein »datenschutzrechtlicher Quantensprung«. Sie warnt davor, dass dies der Einstieg in eine Totalerfassung der Bevölkerung sei und moniert, dass eine Diskussion darüber in Fachkreisen noch nicht stattgefunden habe. Die DVD geht davon aus, dass die ID-Nummer nicht nur bei den Finanzbehörden, sondern auch bei den Meldebehörden, die dem Bundesamt für Finanzen die Basisdatensätze zuliefern sollen, zur eindeutigen Identifizierung gespeichert wird. Denkbar sei auch, dass private Kommunikationspartner der Finanzbehörden wie Arbeitgeber oder Auftraggeber der Steuerpflichtigen die ID zur eindeutigen Zuordnung von Daten zu Steuervorgängen verwenden werden. Eine ähnliche Diskussion führen Datenschützer auch um die für die Einführung des Jobcard-Verfahrens sowie der elektronischen Gesundheitskarte notwendige ID-Nummer. Bei der Jobcard soll eine zentrale Stelle eine Verknüpfung zwischen der Identitätsnummer auf der Karte und der Sozialversicherungsnummer herstellen. Mit der Gesundheitskarte erhält jeder Patient eine lebenslang gültige Kennnummer. Die Krankenversichertennummer enthält nämlich nicht nur einen variablen Teil mit Angaben zur

Kassenzugehörigkeit, sondern auch einen unveränderbaren Teil zur Identifikation des Versicherten. Allerdings sind die technischen Verfahren für Jobcard und Gesundheitskarte bislang nicht abschließend geklärt.

Allgegenwärtige Computer

Einmal mit einer auf einem RFID-Chip gespeicherten Identifikationsnummer versehen, könnten Bürger mit Hilfe von intelligenten Sensoren jederzeit erkannt werden. Nicht nur der Staat, auch Firmen könnten Bewegungsprofile ihrer Zielpersonen oder Kunden erstellen. Die neue Technologie der Minisensoren und intelligenten Gegenstände wird sich dort zuerst durchsetzen, wo sie am ehesten Nutzen verspricht. Mit der Zeit wird sie aber gleichermaßen in den öffentlichen wie in den privaten Bereich einsickern. Die technische Vision von Mikroprozessoren, die mit Hilfe von Minisensoren über Funk kommunizieren, wird seit Jahren an Forschungseinrichtungen propagiert. Die Minisensoren lassen sich in Gegenstände einbauen oder millionenfach in der Umwelt verteilen. Sie generieren Daten, die Auskunft über Ort und physikalische Eigenschaften geben. Die Forschung läuft unter Begriffen wie »Ubiquitous Computing«, »Pervasive Computing« oder »Ambient Intelligence«, die allesamt die Allgegenwärtigkeit der Minirechner ausdrücken sollen.

Alltagsgegenstände wie Möbel, Kleidung, Spielzeug oder sogar Farbpartikel an Wänden können so ausgerüstet werden, dass sie mit Menschen oder anderen Gegenständen kommunizieren können. Zu den Zukunftstechnologien gehören etwa Kunststoffe, die Silizium-Chips ersetzen sollen. Elektronische Bauelemente und Systeme auf Polymerbasis könnten sich in Druckverfahren wesentlich kostengünstiger herstellen lassen und damit neue Anwendungsfelder erschließen. Kostengünstige, flexible Displays und RFID-Chips helfen Waren- und Produktströme von der Herstellung bis zum Recycling zu überwachen und zu optimieren. Alltagsgegenstände, Kleidung und Verpackungen könnten schon bald funktionale Oberflächen aufweisen. Displays auf Einkaufstüten, Fieberthermometer zum Einmalgebrauch oder aufrollbare Computer sind Beispiele für die kommende Produktwelt der »Dinge, die denken«. Aber auch ganz gewöhnliche Gegenstände wie Holzklötzchen oder Flaschen lassen sich mit Bedeutung »aufladen«: Hiroshi Ishii vom renommierten Massachusetts Institute for Technology (MIT) etwa beschäftigt sich mit Objekten wie Tischen, Windrädern oder Flaschen, die er mit Informationsinfrastrukturen verknüpft und damit so etwas wie »Intelligenz« einhaucht: Wie aus Aladins Wunderlampe entsteigt transparenten Glasflaschen Musik, sobald sie geöffnet sind. Die erste so programmierte Flaschenschnittstelle aus dem Hause Ishii war eine »Wetterfrosch-Flasche«. Ein Geschenk für die Mutter des Ingenieurs, die bisher keine Erfahrung mit Computern hatte, wohl aber mit Haushaltsgeräten vertraut war. Nichts lag für Ishii näher, als ihr einen kleinen Flaschencomputer mit Wettervorhersage zu bauen. Wenn sie die Flasche öffnete und Vogelstimmen hörte, würde das Wetter am nächsten Tag schön. Das Rauschen eines Wasserfalls zeigte hingegen kommenden Regen an. Die Flasche steht auf einem Tisch, der von einem magnetischen Feld umgeben ist. Ein gewöhnlicher elektronischer Stromkreis »merkt«, wenn dieses Feld durch das Öffnen oder Schließen der Flaschen gestört wird. Künstler und Ingenieure haben dieses Prinzip der »angereicherten Realität« oder »augmented reality« immer wieder anders umgesetzt. So stellen sie sich die Frage nach der Verbesserung der Kommunikation großer Personengruppen beispielsweise in Videokonferenzen. Im Experiment repräsentierten zunächst Holzklötze die Dokumente, die allen Teilnehmern vorliegen. Nimmt ein Teilnehmer ein Klötzchen, erscheinen die ihm zugeordneten Dokumente auf dem für alle einsehbaren Bildschirm. Für Wolfgang Strauss, Leiter des St. Augustiner MARS-Labors, ist klar: »Der Körper als Interface und ein mit Sensoren ausgestatteter Raum, ein Datenraum – das ist der Zukunftstrend.«

Sensorenschwärme

Mit »Dingen, die fühlen« experimentieren Forscher schon seit langem. 2002 versahen Intel-Forscher bereits einen Weinberg mit einem Netzwerk von Temperatursensoren.[37] Die Tendenz ist dieselbe wie überall in der Informationstechnologie: immer kleiner, immer smarter. Forscher träumen von schwimmenden Sensoren in Planktongröße zur Beobachtung von Fischschwärmen. Doch nicht nur Ökosysteme und Produktionsprozesse könnten sich so feinmaschig und umfassend überwachen lassen. Wie schon so oft in der Technikgeschichte, lässt sich die Technik nicht nur für zivile, sondern auch für militärische Zwecke einsetzen. Und nicht selten ist es das Militär, das die Forschung auch vorantreibt: 2002 erklärte das US-Verteidigungsministerium das Thema Sensortechnik und -netze zur Top-Priorität und förderte es mit insgesamt 660 Millionen US-Dollar. Berühmt ist hier ein Forschungsprogramm an der Universität Berkeley, das an der Entwicklung von Sensornetzen in Form von »Smart Dust« arbeitet:[38] Mit Hilfe der etwa 1 Quadratmillimeter großen intelligenten Staubkörner könnten nicht nur Bewegungen von Insekten und kleinen Tieren kartiert werden, sondern auch feindliche Gebiete überwacht werden. Noch befindet sich das Projekt in der Entwicklungsphase. Aufgrund ihrer geringen Größe sind die Proto-Minisensoren sehr empfindlich gegenüber Umwelteinflüssen wie Regen, Hitze, Kälte und Wind. Probleme bereitet den Forschern auch ihre Mobilität: Da sie nicht statisch an einer Stelle verharren, sondern sich im Raum bewegen, müsste sich die Funkantenne permanent neu ausrichten. Neuere Sensoren können nicht nur die Temperatur, Helligkeit, Feuchtigkeit, Luftdruck oder Beschleunigung erfassen, sondern auch Gase und Flüssigkeiten analysieren oder Muster wie etwa Fingerabdrücke oder Gesichtsformen erkennen. Funksensoren können ihre Messwerte ohne eine separate Energieversorgung einige Meter weit melden. Energie beziehen sie aus ihrer Umgebung oder aus dem Messvorgang selbst. Auf diese Weise funktionieren auch die elektronischen Etiketten bzw. RFID-Tags.

Vorläufer dieser »smarten Gegenstände« sind die so genannten »eingebetteten Systeme«. Traditionell werden sie vorwiegend im militärischen Bereich und in der Flugzeug- und Fahrzeugindustrie eingesetzt. Schon im Jahr 2000 fanden sich über 98 Prozent der acht Milliarden hergestellten Mikroprozessoren nicht in PCs und Computern, sondern in anderen Geräten. Ein automatischer Rasensprenger könnte nicht nur mit Feuchtigkeitssensoren im Boden, sondern auch durch die im Internet erhältliche Wetterprognose wirksamer arbeiten. Friedemann Mattern vom Institut für Pervasive Computing an der ETH Zürich stellt sich hier nicht den berühmt-berüchtigten intelligenten Kühlschrank vor, der automatisch die Milch bestellt. Ein viel passenderes Beispiel sieht er in komplexen Regelkreisläufen, die von Thermostaten gesteuert werden. Diese könnten sich nicht nur an der Wunschtemperatur, sondern auch an dem Haushaltsbudget orientieren. Die Thermostaten könnten mit dem ebenfalls intelligenten Auto kommunizieren, um zu erfahren, wann mit der Rückkehr der Bewohner zu rechnen ist.

Die autonome Energieversorgung der Minirechner ist für die Forscher noch ein Problem, ebenso die Aufgabe, die »smarten« Dinge zu einem anpassungsfähigen Verhalten zu bewegen. Die größte Herausforderung besteht jedoch darin, die Anwendungen mit dem Schutz der Privatsphäre in Einklang zu bringen. »Ambient Intelligence« ist eines der Leitthemen des 6. EU-Rahmenprogramms. Bis 2010 wollen die Forscher die ersten Prototypen zur Reife bringen. Bis 2015 sollen sie die Serienreife erreichen.

Erkennung per DNA

Für die heute heiß gehandelten biometrischen Systeme stehen schon die Nachfolger bereit: So genannte DNA-Sniffer gelten als die aussichtsreichsten Kandidaten für künftige Identifikationssysteme. Nach Ansicht des Genetikers Sir Alec Jeffries könnte es sich hierbei um ein Taschengerät handeln, das die Polizei an den Tatort mitnehmen kann. Dort könnte es verschiedene Proben untersuchen und binnen Minuten mit dem genetischen Profil einer Person aufwarten. Sollte eine globale Datenbank zur Verfügung stehen, könnte diese innerhalb von Sekunden den Täter identifizieren.[39] Erste Erfolge meldete der britische Forensische Wissenschaftsdienst (FSS). Er kann bereits aus wenigen Tropfen Speichel, Samenflüssigkeit oder Blut die Haarfarbe und die ethnische Herkunft des Täters abschätzen. Daraus, so die Hoffnung, könnten die Ermittler dann auch künftig das Aussehen des Täters und damit ein grobes Fahndungsbild erstellen. Bei Menschen lässt sich mit einer Erbgutanalyse mit 96-prozentiger Sicherheit sagen, ob ein Täter beispielsweise rote Haare hat oder nicht. Ein bestimmter Gendefekt, der die Pigmentzellen der meisten Rothaarigen schädigt, hilft hierbei. Ein Test für schwarze, braune oder blonde Haare ist jedoch noch nicht gefunden. Denn mehrere Gene sind dafür »zuständig«, wie die Haarfarbe ausfällt. Bei der Augenfarbe etwa spielen vier Gene eine Rolle, hat die amerikanische Biotech-Firma »DNAPrint Genomics« herausgefunden. In Erbgut-Tests konnten die Forscher Freiwillige mit 97-prozentiger Sicherheit drei Klassen zuordnen: Dunkeläugige, Helläugige und solche mit hellbrauner Iris. Der Leiter des Fachbereiches Serologie beim Bundeskriminalamt in Wiesbaden, Hermann Schmitter, hält diese Ansätze jedoch eher für »Fiction« als »Science«. Er glaubt nicht, dass jemals ein Phantombild aus einer Erbgutanalyse erstellt werden kann. Denn das Erbgut schreibt viele Merkmale nicht definitiv fest. Umwelteinflüsse und das zeitliche Muster, in dem Gene an- und abgeschaltet werden, spielen ebenfalls eine Rolle. So ist auch bei eineiigen Zwillingen der Fingerabdruck nicht identisch, obwohl sie die gleichen Gene haben. Wie sich ein Fingerabdruck ausprägt, hängt im Übrigen davon ab, wie ein Embryo im Mutterleib versorgt wird. Bestimmte äußere Merkmale könnten sich aber dennoch irgendwann aus Erbgutanalysen abschätzen lassen. Britische Forscher untersuchten neben Haar- und Augenfarbe etwa die Erblichkeit des Kinngrübchens.

Selbst wenn eines Tages zuverlässige Tests den Ermittlern helfen könnten, einen Täter zu beschreiben, dürften sie diese in Deutschland aber nicht anwenden. Denn laut Gesetz dürfen nur die Teile des Genoms für den genetischen Fingerabdruck verwendet werden, die keine Rückschlüsse auf Aussehen und andere Eigenschaften erlauben. Bei dem Test in Deutschland werden acht Abschnitte auf dem Erbgut der Proben untersucht, die ein einmaliges Muster ergeben sollen. In Großbritannien stellte die Polizei im Jahr 2000 fest, dass ein Unschuldiger aufgrund eines DNA-Tests, der nur auf sechs Abschnitten basierte, des Raubs beschuldigt und verurteilt wurde. Nachdem er ein handfestes Alibi vorweisen konnte, untersuchten die Forensiker daraufhin zehn Erbgut-Abschnitte – was den Mann schließlich wieder entlastete.[40]

Mit Hilfe der Datenbank beim Bundeskriminalamt in Wiesbaden, in der genetische Fingerabdrücke von Verbrechern gespeichert sind, wurden bisher über 6500 Hinweise erlangt.[41] Allein im Jahr 2002 konnten insgesamt in 3673 Fällen Tatverdächtige ermittelt und in 1539 Fällen Tathergänge rekonstruiert werden. Im Jahr 2003 wurde der 250 000ste Datensatz erfasst. Die DNA-Muster stammen von 34 000 am Tatort gesicherten Spuren sowie von 216 000 beschuldigten oder verurteilten Personen. Etwa jede fünfte Spur konnte die Polizei einem Tatverdächtigen zuordnen. Um die Daten speichern zu dürfen, muss eine Straftat »von erheblicher Bedeutung« sein; ein richterlicher Beschluss oder eine Freiwilligkeitserklärung des Betroffenen muss vorliegen. Die Polizei muss außerdem davon ausgehen, dass eine Wiederholungsgefahr besteht. Immerhin können mit Hilfe der DNA-Analyse auch schwerste Straftaten aufgeklärt werden, die zum Teil zehn oder mehr Jahre zurückliegen. Dass schwerste Straftaten mit Hilfe des DNA-Vergleichs aufgeklärt und Unschuldige entlastet werden können, betrachten Datenschützer und Bürgerrechtler als Rechtfertigung für eine DNA-Datenbank. So kamen in den USA dank DNA-Tests bislang 140 unschuldig Verurteilte wieder frei. Ein FBI-Agent kam sogar zu dem Ergebnis, dass in rund 25 Prozent der untersuchten Fälle die DNA des

Verdächtigen nicht zu den Spuren passte, die am Tatort gefunden wurden.[42]

Bislang sollen denn auch vorwiegend schwere Straftaten von der Fahndungsmethode profitieren. Allerdings wurden DNA-Analysen auch schon in Ermittlungen von leichteren Delikten eingesetzt, wie die Statistik zeigt: Unter den im Jahr 2002 mit Hilfe der DNA-Datenbank aufgeklärten Fällen waren 3094 Diebstahlsdelikte, gefolgt von 250 Raubtaten und Erpressungen, 135 Sexualstraftaten und 66 Tötungsdelikten. Die Polizei in Göttingen wollte beispielsweise Hautpartikel aus einem Handschuh, der in der Nähe einer eingeworfenen Fensterscheibe aufgefunden wurde, mit der DNA einer verdächtigen jungen Frau abgleichen.[43] Die Aufklärung von Einbrüchen war beim Landeskriminalamt Rheinland-Pfalz 1996 bei der Einrichtung der DNA-Datenbank sogar das Hauptmotiv. Sie sollte anfangs primär Serieneinbrüche osteuropäischer Straftäter aufklären. Das Instrument des DNA-Vergleichs übt eine solch große Faszination aus, dass immer wieder gefordert wird, nicht nur Diebe oder Vandalen, sondern komplette Bevölkerungskreise präventiv in die DNA-Datenbanken aufzunehmen. So kam aus Reihen der CSU nach dem Fall der sexuell missbrauchten und ermordeten Ulrike aus Eberswalde der Vorschlag, die genetischen Daten aller in Deutschland lebenden Männer beim Bundeskriminalamt (BKA) zu speichern.[44] Anfang 2004 erwog der hessische Innenminister Volker Bouffier (CDU), die DNA-Datei auch mit den Daten strafunmündiger Kinder zu speisen, um mit organisierten Laden- und Handtaschendiebstählen durch Kinderbanden fertig zu werden.[45] Nach den Terroranschlägen vom 11. März in Madrid steht jedoch die Erweiterung der DNA-Datenbanken um Diebe, Männer oder Kinder nicht akut an. Die europäischen Innenminister wollen vor allem die grenzüberschreitende Zusammenarbeit intensivieren, um ihre Dateien über verdächtige Personen, über Fingerabdrücke, DNA-Spuren und andere Fahndungserkenntnisse so schnell wie möglich miteinander zu verknüpfen.[46]

Kontrolle ist besser

Über fast zwei Jahre hatten die Geheimdienste der Schweiz, der USA, Saudi-Arabiens, Deutschlands, Großbritanniens und Italiens den Mobilfunkverkehr der Al-Qaida-Zellen weltweit beobachtet. Wie die *New York Times* Anfang 2004 berichtete, waren die Fahnder auf eine viel versprechende Spur gestoßen, als sie einen kurzen Anruf auffingen, bei dem kein Wort gesprochen wurde.[1] Bei Verfolgung ähnlich wortloser Signal-Anrufe ermittelten sie zu weiteren Verbindungen und stießen auf den Mobilfunkchip einer so genannten Prepaid-Karte. Die Karte, die mit einer eindeutigen Identifikationsnummer versehen ist, hatte die Schweizer Swisscom in dem rekonstruierten Zeitraum bis Juli 2004 verkauft, ohne die Identität des Käufers zu notieren. Sie enthielt im Voraus bezahlte Gesprächsminuten, mit denen weltweite Mobilfunkgespräche geführt werden konnten. »Der Glaube an die Anonymität hat die Terroristen in einem trügerischen Glauben der Sicherheit gewiegt«, sagte ein Antiterrorspezialist der Zeitung. »Es war eins der effektivsten Mittel, mit dem wir die Al-Qaida auffinden konnten.« Nach Angaben des Blatts sind die Geheimdienste mit Hilfe der Swisscom-Karten ganz in die Nähe von Khalid Scheich Mohammed gelangt, einem der wichtigsten Anführer der Al-Qaida. Dieser hatte dem Bericht zufolge von dem Deutschen Christian Ganczarski in seinem Versteck in Karatschi einen Anruf ohne Nachricht erhalten. Zunächst wussten die Behörden nicht, um wen es sich handelte. Erst bei einer Durchsuchung von Ganczarskis Wohnung haben sie eine Nummer in Pakistan gefunden, die schließlich zu Khalid Scheich Mohammed führte. Als man schließlich das Versteck fand und es durchsuchte, fand man dort etwa 6000 Adressen, die sich wie eine virtuelle Landkarte der Al-Qaida-Anschläge lesen ließen.

Mit Hilfe der digitalen Spur, die der Mobilfunkchip gelegt hatte, konnten die Fahnder mehrere Dutzend Verhaftungen vornehmen und mindestens drei geplante Anschläge in Saudi-Arabien und Indonesien verhindern. Behörden aus mehr als einem Dutzend Ländern, darunter die USA, Pakistan, Saudi-Arabien, Deutschland, Großbritannien und Italien tauschten für die Operation mit dem Codenamen »Mont Blanc« Informationen aus. Sie gilt als eine der erfolgreichsten seit dem 11. September. Nach Abschluss der Operation und nachdem wohl auch Al-Quaida gemerkt hatte, dass die angeblich anonymen Prepaid-Karten den Ermittlern geholfen hatten, waren die Geheimdienstexperten bereit, mit der Zeitung über die Details zu sprechen.

Doch nicht immer ist die Telefonüberwachung so erfolgreich. Es kursiert das Gerücht, dass Bin Laden während der Belagerung von Tora Bora seine Verfolger nur abschütteln konnte, indem er sein Handy einem treuen Gefolgsmann gab, der damit falsche Fährten legte. Seither soll er nur noch mittels handbeschriebener Zettel kommunizieren.

Präventives Abhören

Die Logik des präventiven Abhörens ist einfach: Nur wer mithört, kann Hinweise auf eine geplante Straftat erhalten, die dann verhindert werden kann. Wenn »tatsächliche Anhaltspunkte die Annahme rechtfertigen, dass Menschen zukünftig schwerwiegende Straftaten begehen, reicht dies für den Lauschangriff zur Abwehr einer gegenwärtigen Gefahr für Leib, Leben oder Freiheit einer Person oder bedeutende Sach- und Vermögenswerte aus.«

In Deutschland steht das präventive Abhören von Telefonen und Handys sowie das vorsorgliche Mitlesen von Faxen, SMS und E-Mails nicht nur bei konservativen Politikern auf der Wunschliste: Die Polizei soll wie die Geheimdienste auch dann abhören dürfen, wenn gar kein konkreter Tatverdacht vorliegt.

Bislang hat allein Thüringen das präventive Abhören im Juni 2002 legalisiert. Hier kann die Polizei die Telekommunikation von »vorverdächtigten« Personen überwachen. Dazu zählt auch die Kommunikation mit unverdächtigen Kontakt- und Vertrauenspersonen wie Rechtsanwälten, Abgeordneten, Ärzten, Journalisten, Psychotherapeuten oder Seelsorgern – ungeachtet der besonderen Schweigepflicht, denen solche Personen unterliegen. Das gesetzlich verankerte Zeugnisverweigerungsrecht von Berufsgeheimnisträgern ist damit nichts mehr wert. Zwar müssen Amtsrichter solche Überwachungen anordnen. Doch die Richter verfügen weder über Ermittlungskompetenzen, noch können sie den Verlauf und den Erfolg der Maßnahmen kontrollieren. Eine Studie der Universität Bielefeld stellte 2003 fest, dass etwa drei Viertel aller Abhöranträge mangelhaft begründet seien. Nur in wenigen Ausnahmen hätten die Richter einen Antrag nicht genehmigt. Für die Jury des überwachungssensiblen Big-Brother-Preises steht fest: »Das Recht auf freie Kommunikation ohne Angst vor Überwachung und Repressalien ist nicht mehr garantiert.«

Der 2003 gescheiterte bayerische Entwurf sah ursprünglich vor, dass Strafverfolger schon vorab zur Gefahrenerkennung und -abwehr Telefon, Fax, E-Mail, SMS überwachen, unterbrechen oder gar sperren dürfen. Datenschützer und Politiker kritisierten den Entwurf scharf. Ungewöhnlich deutlich forderte der bayerische Landesdatenschutzbeauftragte »klare rechtsstaatliche Grenzen«: Der Straftatenkatalog sei zu umfassend, Berufsgeheimnisse sollten berücksichtigt werden. Ausnahmen für Journalisten, Rechtsanwälte, Abgeordnete oder Geistliche waren übrigens nicht vorgesehen. Elektronische Wanzen und Video-Kameras zum präventiven großen Lausch- und Spähangriff in Wohnungen dürfen bereits in Thüringen und Baden-Württemberg eingesetzt werden, in Rheinland-Pfalz ist dies noch in Planung. Zur Installation der Wanzen soll die Polizei die auszuforschende Wohnung unerkannt betreten können. Das Grundrecht auf Unverletzlichkeit der Wohnung wird so bereits im Vorfeld, ohne Vorliegen eines Straftatverdachts gegen die Eigentümer, Mieter, Mitbewohner oder Besucher ausgehebelt, kritisierte die Big-Brother-Jury. Der richterliche Beschluss zur Anordnung dieser Maßnahme ist nach jeweils dreimonatiger Aktion zu erneuern, ohne dass eine zeitliche Obergrenze vorgesehen ist. Bei Gefahr im Verzug soll – trotz der Schwere des Eingriffs – eine Anordnung durch den Behördenleiter ausreichen. Darin sieht der frühere Bundesverfassungsrichter Jürgen Kühling einen drohenden »Zivilisationsverlust, der unsere Demokratie verändern wird«.[2]

Für die geplante oder bereits beschlossene Verschärfung der Landespolizeigesetze erhielten die Innenminister der Bundesländer Bayern, Niedersachsen, Rheinland-Pfalz und Thüringen 2003 denn auch den Big-Brother-Preis. Begründung: »Im Windschatten der Terrorismusbekämpfung betreiben sie die Verschärfung ihrer Landespolizeigesetze und kalkulieren damit drastische Einschnitte in elementare Grund- und Freiheitsrechte einer Vielzahl unverdächtiger Personen ein.«[3] Die Big-Brother-Jury hält solche präventiven Regelungen für in ihren Auswirkungen »tendenziell uferlos«, »kaum kontrollierbar« und daher »unverhältnismäßig«. Das Präventionskonzept mache immer mehr unverdächtige Menschen polizeipflichtig und verwickle sie in Ermittlungsmaßnahmen. Doch die zahlreichen Betroffenen würden in der Regel nichts von den intensiven Eingriffen bemerken. Wenn die Prävention zur vorherrschenden Polizeitaktik werde, würden sich rasch die Beziehungen zwischen Bürger und Staat verkehren: »Da verliert eine der wichtigsten rechtsstaatlichen Errungenschaften, nämlich die Unschuldsvermutung, unter der Hand ihre machtbegrenzende Funktion. Der Mensch mutiert zum potenziellen Sicherheitsrisiko – ein generalisiertes Misstrauensvotum, wie es schon bei der Schleier- und Rasterfahndung sowie bei der ausufernden Video-Überwachung im öffentlichen Raum zum

Ausdruck kommt, in die alle Passanten einbezogen werden, ohne zu wissen, was mit den Aufzeichnungen anschließend geschieht.« Der präventive Überwachungsstaat sei ein »Sicherheitsstaat, in dem Rechtssicherheit und Vertrauen allmählich verloren gehen«, kritisieren die Bürgerrechtler.

Doch was anderes als Prävention kann Gewalttaten bereits im Vorfeld verhindern? Wie können nicht die Täter, sondern die Opfer geschützt werden? Sehen die Kritiker nicht zu schwarz, wenn sie um den Rechtsstaat fürchten? Offenbar nicht: Das Bundesverfassungsgericht urteilte im Frühjahr 2004 in einem wegweisenden Urteil, dass präventives Abhören nur aufgrund klarer Vorgaben rechtsstaatlich ist. So durfte bis dato der Zoll die Post öffnen und Telefonate abhören, um Straftaten gegen das Außenwirtschafts- und das Kriegswaffenkontrollgesetz zu verhüten, wenn ein Gericht eine entsprechende Anordnung getroffen hatte.[4] Dabei verwies das Gericht auf seine Vorgaben im Urteil zum Großen Lauschangriff vom 3. März.[5] Damals hatte das Bundesverfassungsgericht wesentliche Teile der akustischen Wohnraumüberwachung für verfassungswidrig erklärt, da sie das Grundrecht auf informationelle Selbstbestimmung verletzten.

Von den Abhörmaßnahmen des Zollkriminalamts erfuhren die Betroffenen nichts, allein ein eigener Bundestagsausschuss war für die Prüfung zuständig. Die Verfassungsrichter kritisierten, dass das Gesetz unbestimmt gefasst sei. Durch seine verschachtelten Verweise auf andere Vorschriften könnten Behörden und Gerichte auf eine Vielzahl unterschiedlicher Tatbestände zurückgreifen. Die Anwendung des Gesetzes werde dadurch fehleranfällig und auch für den Bürger schwer durchschaubar. Das sei aber verfassungswidrig. Mit dem Urteil könnten nun auch die bereits bestehenden Regelungen zum präventiven Abhören in den Landespolizeigesetzen von Thüringen und Niedersachsen wackeln. Denn das Bundesverfassungsgericht kritisierte, dass das Abhören eines Telefongesprächs durch den Zoll bereits im Vorfeld einer strafbaren Handlung erfolge. Da das Abhören bereits im Planungsstadium einer Tat möglich sei, seien die in Bezug genommenen Straftatbestände nur wenig geeignet, den maßgeblichen Sachverhalt einzugrenzen, der Indizien für eine geplante Straftat enthalten soll. Umso wichtiger sei daher die Einengung und Präzisierung der Gründe, die zum Abhören ermächtigen. Nur eine solche Ausbalancierung mache das Risiko einer Fehlprognose grundrechtlich hinnehmbar. Doch diese Begrenzungen fehlten weitgehend.

Der Gesetzgeber muss nun das Gesetz aus dem Jahr 1992 bis Jahresende ändern. Dabei muss er darauf achten, dass der Anlass, der Zweck und die Grenzen des Eingriffs in der Ermächtigung bereichsspezifisch, präzise und normenklar festgelegt werden. So muss deutlich erkennbar sein, bei welchen Anlässen und unter welchen Voraussetzungen ein Verhalten zu einer Überwachung führen kann. Außerdem muss für sämtliche Betroffenen ein hinreichender Rechtsschutz für die Verarbeitung ihrer Daten bestehen.

Schleierfahndung

Präventive Ermittlungen führte Bayern bereits 1995 mit der Schleierfahndung ein. Seitdem sind Baden-Württemberg, Niedersachsen, Thüringen, Mecklenburg-Vorpommern, Brandenburg, Berlin, Sachsen und der Bund dem Beispiel gefolgt und haben ihren Polizeien und dem Bundesgrenzschutz (BGS) in unterschiedlicher Weise die Schleierfahndung ermöglicht. Bei der Schleierfahndung nehmen Bundesgrenzschutz- und Polizeibeamte eine Identitätsfeststellung vor, ohne dass eine Gefahr oder ein Verdacht einer Straftat erforderlich ist. Damit hat diese Fahndung kein bestimmtes Ziel vor Augen, sondern folgt nur einem vagen Erkennungs- und Verhaltensmuster. In Bayern fertigt die Kriminalpolizei für die Kontrollen Fahndungsraster an. Es sind überwiegend Äußerlichkeiten wie Hautfarbe oder Lebensstil, die zu einer Kontrolle führen, insbesondere wenn etwas »nicht zusammenpasst«. So sollte der Fahrer eines Luxusautos auch entsprechend aussehen. Die mobilen Einsatzkommandos observieren besonders aufmerksam Fahrzeuge mit Kennzeichen aus dem ehemaligen Jugoslawien, aus Tschechien, der Slowakei, Rumänien, Weißrussland, der Ukraine und den baltischen Staaten.[6] Können die Beamten die Identität nicht sofort feststellen, können sie den Betroffenen durchsuchen, zur Wache bringen und dort bis zur Identitätsfeststellung festhalten. Die bei der Identitätsfeststellung gewonnenen Daten dürfen sie mit polizeilichen Registern wie dem Schengener Informationssystem SIS abgleichen und speichern. Insgesamt sind allein in Bayern derzeit 250 Abfrage-Computer im mobilen Einsatz. Monatlich erfolgen bis zu 600000 Anfragen. Der bayerische Innenminister Günther Beckstein hält die Schleierfahndung für besonders wirksam »bei der Bekämpfung des illegalen Aufenthaltes, der Kfz-Verschiebung, des Schleuserunwesens und des Drogenschmuggels«. Außerdem fasse man »Jahr für Jahr eine große Zahl national wie international mit Haftbefehl gesuchter Rechtsbrecher«. Für Beckstein ist die Schleierfahndung daher »eine unverzichtbare innerstaatliche Maßnahme zur Bekämpfung der grenzüberschreitenden Kriminalität«. Becksteins Behauptungen lassen sich jedoch nur schwer überprüfen. Denn es gibt so gut wie keine statistischen Erhebungen über Ort, Umfang und Ergebnis der Kontrollen.[7]

Datenschützer kritisieren an der Schleierfahndung, dass unbescholtene Bürger ohne jeden Grund mit Identität und Aufenthaltsort in die polizeilichen Informationssysteme geraten. Ob die Schleierfahndung verfassungskonform ist, ist umstritten. Der Bayerische Verfassungsgerichtshof[8] und der Sächsische Verfassungsgerichtshof[9] hielten das Verfahren für verfassungsgemäß. Kritiker halten es für unverhältnismäßig, außerdem verletze es den Gleichheitssatz des Grundgesetzes, da in der polizeilichen Praxis vor allem »ausländisch« aussehende Personen kontrolliert werden. Das Landesverfassungsgericht Mecklenburg-Vorpommern urteilte, dass die Schleierfahndung die informationelle Selbstbestimmung verletze, und schränkte die polizeiliche Befugnis für verdachts- und ereignisunabhängige Kontrollen erheblich ein.[10] So dürfen Einzelne in

Mecklenburg-Vorpommern auf Durchgangsstraßen außerhalb des 30 Kilometer tiefen Grenzgebietes nur zur vorbeugenden Bekämpfung grenzüberschreitender Kriminalität kontrolliert werden. Im Grenzgebiet bis zu einer Tiefe von 30 Kilometern, in Einrichtungen des internationalen Verkehrs und im Küstenmeer darf die Polizei Personen lediglich anhalten und nach den Ausweispapieren fragen. Weitergehenden Zwangsmaßnahmen, wie das Verbringen zur Dienststelle, die Durchsuchung einer Person und ihrer Sachen sowie die Verarbeitung und Nutzung der dabei anfallenden personenbezogenen Daten, hat das Gericht eine deutliche Absage erteilt.

Auf Bundesebene wird die Schleierfahndung in Form von »verdachtslosen Kontrollen« seit 1998 durch den Bundesgrenzschutz durchgeführt. Er darf in Zügen, Bahnhöfen sowie Verkehrsflughäfen mit grenzüberschreitendem Verkehr Personen kurzfristig anhalten, befragen und mitgeführte Ausweispapiere oder Grenzübertrittspapiere prüfen.

Bei der in Bayern geplanten automatisierten Schleierfahndung sollen die Fahnder künftig die Autokennzeichen automatisch erfassen und mit Polizeidateien abgleichen dürfen. Ergibt sich bei diesem Datenabgleich ein Verdacht, so soll das betreffende Fahrzeug verfolgt werden. Die bayerische Polizei testet bereits ohne jegliche Rechtsgrundlage entsprechende Systeme.[11] Ob mit diesem Massenscreening nur Autokennzeichen oder auch andere, etwa biometrische Kennzeichen zum Zwecke der Gesichtserkennung erfasst und abgeglichen werden sollen, ist ebenso ungeklärt wie die Frage, was mit den erfassten Daten geschieht, ob sie etwa zur Erstellung von Bewegungsbildern und Reiseprofilen bestimmter Personen genutzt werden können. Außer an den bayerischen Grenzen soll der automatische Kennzeichenabgleich auch an so genannten gefährdeten Orten wie Flughäfen, Bahnhöfen und militärischen Einrichtungen erfolgen, darüber hinaus zur Überwachung von Straßen, Autobahnen, Einkaufszentren oder Parkplätzen. Vor Demonstrationen sollen auf diese Weise »bekannte Störer« ausgefiltert werden.

Hilfssheriff Toll-Collect

Für die automatisierte Schleierfahndung könnten bundesweit Erfassungssysteme, wie etwa Mautsysteme, genutzt werden, die für diesen Zweck eigentlich gar nicht konstruiert wurden. So geriet das Mauterfassungssystem für Lastkraftwagen von Toll Collect bereits in das Visier der Fahnder, bevor es überhaupt funktionsfähig war. Das Fahrzeuggerät von Toll Collect sollte während der Fahrt ständig die aktuellen Satellitenstandortdaten des Fahrzeugs mit einer Straßenkarte von Deutschland abgleichen. Sobald sich der LKW auf eine Mautstrecke begeben hätte, wäre der Gebührenzähler angesprungen. In jedem Gerät war darüber hinaus ein Handy integriert, das sich in das Mobilfunketz von T-Mobile einbuchen sollte. Hätte der LKW die Mautstrecke verlassen, hätte das Handy eine Mitteilung über die fällige Mautgebühr an die Toll-Collect-Zentrale geschickt, die diese Daten sammeln und der Spedition in Rechnung stellen sollte. Laut Autobahnmautgesetz durfte Toll Collect die Daten über die Höhe der entrichteten Maut, die Mautstrecke, den Ort und die Zeit der Mautentrichtung verarbeiten. Zu den Mautdaten gehörten auch der Fahrzeitraum, das Kennzeichen und die Fahrzeugmerkmale. Die meisten Daten mussten nach Entrichtung der Maut gelöscht beziehungsweise für statistische Zwecke anonymisiert werden. Das Gesetz schloss zudem jede andere Verwendung als für das Mautsystem »z. B. für Geschwindigkeitskontrollen« ausdrücklich aus.

Dies hinderte jedoch im August 2003 die Staatsanwaltschaft nicht daran, beim Amtsgericht Gummersbach einen Beschluss[12] gegen die Betreiberfirma Toll Collect zu erwirken. Da die Firma geschäftsmäßig Telekommunikationsdienste erbringe, argumentierte der Staatsanwalt nach dem Telekommunikationsgesetz, müsse sie die hierbei anfallenden Daten der Kriminalpolizei zur Verfügung stellen. Mit Hilfe der Daten wollten die Fahnder einen gestohlenen Container-Lastwagen, der mit dem Toll-Collect-System ausgestattet war, aufspüren. Sie hatten damit jedoch keinen Erfolg: Da das Mautsystem mitunter auch falsche Standortdaten liefert, waren die Daten einfach nicht zuverlässig genug. Toll Collect gab keine Daten heraus und wandte sich an den Bundesdatenschutzbeauftragten mit Bitte um Klärung. Für den Bundesdatenschutzbeauftragten schlossen die gesetzlichen Regelungen »generelle Verkehrsüberwachungen oder gar die Erstellung von Bewegungsprofilen von Fahrzeugen« aber aus.

Nach Auffassung des Gerichts war die gesetzlich geregelte Zweckbindung gegenüber den Befugnissen der Strafverfolgungsbehörden wertlos. Der Datenschutzexperte Johann Bizer kommentierte den Fall so: »Hier gilt die Devise ›Strafverfolgung bricht Zweckbindung‹, selbst wenn der Gesetzgeber Letztere ausdrücklich vorgesehen hat.« »Offensichtlich ist es eben doch so, dass die staatlichen Behörden mit Toll Collect über ein flächendeckendes Fahndungsreservoir für Bewegungs- und Standortprofile der Bürger verfügen würden«, meint Bizer. Tatsächlich wird der Leistungsumfang einer Technik dann ausgenutzt, wenn sie der Strafverfolgung zu Gute kommt. Die Technik per se kann jedoch nur dann bürgerrechtsfreundlich sein, wenn sie von ihrem Design her auch darauf ausgerichtet ist. Datenschutzvorgaben müssen in der Technik selbst realisiert werden. Eine rechtliche Reparatur eines Systems, das Datenschutz per se nicht kennt, funktioniert nicht. 2002 hatte Toll Collect genau aus diesem Grund den Big Brother Award bekommen.[13] Die exzessive Erfassungspraxis war es, die die Bürgerrechtler störte.

Ein weiteres Beispiel für die rechtliche Bändigung der Technik sind die Standortdaten.[14] Jahrelang war es nicht erlaubt, die Standortdaten von Handynutzern ausfindig zu machen und für Strafverfolgungszwecke zu nutzen. Anfang 2003 genehmigte das Terrorismusbekämpfungsgesetz bundesweit den Zugriff auf die Standortdaten eingeschalteter Handys mit Hilfe der so genannten IMSI-Catcher.[15] Die schuhkartongroßen Geräte können die individuellen Kennungen und Gerätenummern von Handys abfangen, wenn diese etwa bei der Observation von Verdächtigen noch nicht bekannt sind. Mit Hilfe der so ermittelten Daten kann die Polizei dann Verbindungsdaten der Mobilfunkteilnehmer beim jeweiligen Telekommunikationsunternehmen abfragen. Mit Hilfe der IMSI-Catcher kann sie aber auch Handys orten, die nur auf Standby geschaltet sind. Auf diese Weise kann die Polizei Bewegungsbilder der Handynutzer erstellen. In Ballungsräumen ergibt sich durch die Dichte der Signalanlagen ein Funkzellen-Raster von 500 bis 800 Metern, auf dem Land von über zehn Kilometern. Signaleigenschaften wie Laufzeit oder Abschwächung liefern weitere Hinweise. In Innenstädten lässt sich so eine Position auf 20 bis 80 Meter eingrenzen, auf dem Land bis zu wenigen Kilometern. Noch genauer lassen sich Nutzer von GPS-Technik (Global Positioning System) orten. Das GPS-Handy muss mindestens zu drei Satelliten Verbindung haben, um seine eigene Position auf zehn Meter genau berechnen zu können. Mauern und Dächer können die Ortung verhindern. Mit UMTS soll sogar eine auf zwei Meter genaue Ortung per Handy in freiem Gelände möglich sein.

Die Bürgerrechtsorganisation »Humanistische Union« hat im Juli 2003 vor dem Bundesverfassungsgericht Verfassungsbeschwerde gegen den Einsatz des IMSI-Catchers zum Zwecke der Strafverfolgung erhoben. Er führe zur unterschiedlosen Erfassung gänzlich unverdächtiger Personen und verstoße deshalb gegen das Fernmeldegeheimnis des Art. 10 Grundgesetz, das auf diese Weise undifferenzierten Ermittlungsmethoden geopfert werde. Das Gericht hat bislang noch nicht entschieden. Genutzt wird die Ortung aber nicht nur von Fahndern, sondern auch von Rettungsdiensten. Rund 500 000 Notrufe pro Jahr erreichen die Notrufzentrale in Hamburg von Notrufsäulen und Mobiltelefonen. Allerdings können bei 30 Prozent aller Handy-Notrufe die Anrufer nicht genau angeben, wo sie sich gerade befinden. 23 Millionen deutsche Führerscheinbesitzer verfügen derzeit über ein Handy. Mit punktgenauen Navigations- bzw. Telematiksystemen sind aber weit weniger als zehn Prozent der Fahrzeuge in Deutschland ausgestattet. Rufen die Handybesitzer die Notrufnummer an, leitet die Notrufzentrale den ermittelten Standort unmittelbar an die zuständigen Rettungskräfte oder Pannenhelfer weiter, um einen schnellen Einsatz sicherzustellen. Gleichzeitig organisiert die Zentrale bei Autounfällen die Schadenaufnahme, indem sie eine direkte Verbindung mit der Versicherung des Verursachers herstellt. Sie organisiert einen Abschleppdienst, beschafft ein Ersatzfahrzeug und kümmert sich um die Schadenregulierung. Für Privatkunden sind diese standortbezogenen Notrufdienste heute die wichtigsten Location-based-Services. Hoher Nachfrage erfreut sich auch eine digitale Straßenkarte samt Navigationssystem auf einem PDA-Phone, das der Mobilfunkbetreiber T-Mobile anbietet. Unternehmen nutzen standortbezogene Dienste auch, um Fahrzeugflotten zu steuern oder Überblick über ihre Mitarbeiter im Außendienst zu behalten.

Wer mit wem? Verbindungsdaten geben Auskunft

Telekommunikationsverbindungsdaten, darunter Standortdaten, versprechen interessante Datenanalysen. Sie geben Aufschluss darüber, wer mit wem wann telefoniert, gefaxt oder gemailt und wer wann welche Website aufgesucht hat. Mit der richtigen Software können Fahnder aus solchen Daten Beziehungsgeflechte kartieren. Nach dem 11. September diskutierten in der Europäischen Union die Mitgliedstaaten auf Bitten des amerikanischen Präsidenten über eine Vorratsspeicherung von Internet-Verbindungsdaten durch die Internet-Provider. Eine entsprechende Verordnung kam allerdings bislang aufgrund deutschen Widerstands noch nicht zustande, obgleich sich die meisten Länder dafür aussprachen, zumal nach den Anschlägen von Madrid.

Sinn hat eine solche Speicherung aber bei der Verfolgung von Internetkriminalität nur dann, wenn möglichst viele Länder dieselben Regeln befolgen. Denn Kriminelle können Verbindungen über mehrere Länder hinweg aufbauen. Strafverfolger können sie aber dann nur ausmachen, wenn sie die Provider-Daten aus jedem einzelnen betroffenen Land bekommen.

Während Polizei und Geheimdienste Logfiles nur bei Anfangsverdacht auswerten, ist die Auswertung der Logfiles durch die Website-Betreiber alltägliche Praxis. Sie können in der Regel erkennen, von welcher Domain beziehungsweise welcher IP-Nummer aus der Besucher ins Netz gegangen ist. Ob sich eine Rundfunkanstalt, eine Firma, eine Behörde oder eine Privatperson für Informationen auf der Website interessiert, können die Anbieter leicht feststellen: Die Domainnamen sind im Logfile schnell zu erkennen. Nackte IP-Nummern lassen sich in der Datenbank des »RIPE Network Coordination Centers«[16] schnell auf Einwahlknoten zurückführen.

In den Niederlanden kann sich heute jede Polizeidienststelle an einen Staatsanwalt wenden, will sie die Internetkommunikation eines Verdächtigen überwachen. Dafür erhält die Dienststelle die Kopie des gesamten Datenverkehrs eines Internetproviders, dessen Kunde unter Verdacht steht. Auf diese Weise wissen die Ermittler, welche Websites ein Verdächtiger besucht, welche Dateien er auf seinen Rechner lädt und welche E-Mails er sendet und empfängt. Nirgendwo in demokratischen Staaten werden Telefongespräche und Internetkommunikation so stark überwacht wie in den Niederlanden. 1999 überwachte die Polizei in dem kleinen Land rund 10000 Telefonanschlüsse. In den USA hingegen wurden im selben Zeitraum nur 1277 Anschlüsse überwacht, in Deutschland gab es 2987 Anordnungen zur Überwachung.

Bekannt wurde jüngst der Fall eines Lebensmittel-Erpressers, dem die niederländische Polizei trotz geschickter Verschleierungsversuche mit kriminalistischem Gespür und High-Tech-Aufklärung auf die Spur kommen konnte. Der Mann hatte seit 1999 in anonymen Schreiben Lebensmittelherstellern und Supermärkten gedroht, Lebensmittel zu vergiften. Schließlich beließ er es nicht mehr bei reinen Drohungen, sondern ging zur Tat über: Im Juni 2003 erkrankte ein Kunde schwer, nachdem er einen vergifteten Joghurt gegessen hatte. Danach verlangte der Erpresser 50000 Euro, um von weiteren Sabotageakten abzusehen. Die erpresste Firma sollte für die Geldübergabe die Kontodaten in einer Internet-Werbeanzeige verschlüsselt hinterlegen, die auf der Website eines populären Gebrauchtwagen-Portals geschaltet werden sollte. Die Polizei hinterlegte das Geld auf einem Bankkonto und verschlüsselte die Kontozugangsdaten in dem Werbebild. Der Erpresser speicherte das Bild auf seinem Computer, entschlüsselte die Bankdaten und speicherte sie über einen speziellen Drucker auf dem Magnetstreifen einer Plastikkarte, wie sie im Bankenbereich üblich ist. Mit dieser gefälschten Karte konnte er von jedem beliebigen Bankautomaten das erpresste Geld abheben. Er wählte diesen Weg, um jede direkte Kommunikation mit der Polizei zu unterbinden. Als die Anzeige auf der Website geschaltet wurde, klickten in der ersten Stunde mehr als 750 Leute auf das Bild. Die Polizei ließ sich vom Website-Betreiber die Protokolldaten geben und wertete die Spuren, in diesem Fall IP-Adressen, aus. Eine einzige IP-Adresse stammte aus den USA. Sie fiel den Fahndern auf, da es ihnen unwahrscheinlich erschien, dass sich ein amerikanischer Surfer für niederländische Gebrauchtwagen interessiert. Sie verfolgten die IP-Adresse zu einem US-Internetprovider zurück, der seinen Nutzern eine pseudonyme Internetnutzung ermöglicht. Nachdem die Niederländer das FBI einschalteten, teilte der Provider ihnen die Kreditkartennummer des Kunden mit. Dies allein hätte den Erpresser jedoch noch nicht überführt. Um ihn auf frischer Tat zu ertappen, observierte ihn die Polizei rund um die Uhr. Mehr als 400 Polizeibeamte beobachteten Geldautomaten im Umkreis. Als der Erpresser im Juli 2003 versuchte, das Geld portionsweise von verschiedenen Automaten abzuheben, wurde er verhaftet.

Aussagekräftig sind jedoch nicht nur IP-Nummern, sondern auch Angaben darüber, welche Webseite ein Nutzer zuvor besucht hat. Diese Angaben des so genannten Referers verrät der Browser, der bei jedem Klick auf einen Link die Ausgangsseite als Herkunft mit angibt. So kann beim Zielserver registriert werden, woher die Surfer kommen. Der Referer kann aber auch verraten, was den Surfer besonders interessiert: So übergibt beispielsweise die Suchmaschine Google auf ihren Ergebnisseiten den Suchstring des Benutzers in der Adresszeile. Klickt man im Logfile auf diesen Link, wird eben diese Adresse als Referer an die Zielseite übermittelt – inklusive des kompletten Suchstrings. Sucht ein Journalist beispielsweise mit den Suchwörtern »Presse«, »Telefon« und »Firmenname« die Kontaktanschrift der Pressestelle, kann der Aufgesuchte im Logfile im Klartext erkennen, was den Journalisten zur Webseite www.firmenname.de geführt hat:

sender.de - - [11/Nov/2002:9:40:56 +0200] „GET /
www.firmenname/pages/ HTTP/1.0" 200 254
http://www.google.com/search?q=Presse+Telefon+
Firmenname" Mozilla/4.7 [de] (WinNT; I)"

Fälschlicherweise nehmen viele Nutzer an, dass der Besuch der bei Google im Cache gespeicherten Websites nicht protokolliert wird. Dabei überträgt der Browser an die Website die Referer-Meldung samt Cache-Nummer und Suchbegriffen. Dies war offensichtlich auch dem deutschen Auslandsgeheimdienst bislang nicht bekannt.

So erhielt der Betreiber einer privaten Website Ende 2002 vom Bundesnachrichtendienst (BND) eine Abmahnung. Er hatte ein Arbeitspapier des BND auf seiner Website veröffentlicht und sollte es nun wegen Verstoßes gegen das Urheberrecht von seiner Site wieder entfernen. Er analysierte sein Logfile und entdeckte am Tag, bevor der BND seinen Brief versandt hatte, den Eintrag, der den Zugriff auf das besagte Dokument genau protokollierte.

Einige Monate zuvor hatte der Bundesnachrichtendienst unter seiner fixen IP-Nummer auf die von ihm angemahnte Seite zugegriffen. Fixe IP-Nummern haben in der Regel nur Provider-Großkunden. Eingerichtet wurde die IP-Nummer des BND von der Deutschen Telekom. Eine Abfrage der Logfiles bei anderen Webmastern könnte das Nutzerverhalten des Geheimdienstes offenbaren – und damit seine Rechercheinteressen. Für ausländische Dienste wäre diese Art der digitalen Aufklärung ein Mittel, um dem Bundesnachrichtendienst gezielt und konzertiert auf eigenen Webseiten Falschinformationen unterzuschieben.

Der BND hatte die Website über den Google-Cache besucht, wohl in der Annahme, dieser würde seine Daten für sich behalten. Doch der Google-Cache ruft seinerseits wieder Teile der Daten von der Website direkt ab. Damit bietet er keinen Schutz vor Logfile-Einträgen. Die allermeisten Standard-Browser bieten derzeit keine Möglichkeit, die Übertragung des Referer-Feldes zu unterbinden. Allein der Internet-Browser Opera bietet diese Option an und der Mozilla-Browser Beonex tut dies standardmäßig. Mit seiner Hilfe lassen sich sogar irreführende Referer generieren.

Aus den Logfile-Daten ging im prominenten Fall des BND zudem hervor, dass der Bundesnachrichtendienst mit dem Browser Opera von einem Windows-NT-System aus arbeitete. Außerdem verschleierte er seinen Besuch nicht durch weitere Maßnahmen wie etwa einen Anonymisierungsdienst. Der Browser überträgt allerdings noch weitere sicherheitsrelevante Daten: So reicht er die Daten über die Konfiguration des Rechners, installierte Plug-Ins, das Cookie-Management sowie Aktivierung von Active-X, Java oder Javascript weiter. Angaben über Bildschirmauflösung und Prozessor ermöglichen Ableitungen, unter welchen Bedingungen der Surfer im Netz ist und zu welcher Nutzergruppe er gehören könnte.

Schon diese Informationen dürften genügen, um potenziellen Angreifern eine Vorstellung über die Schwachstellen des BND-Systems zu vermitteln. Fremde Geheimdienste könnten nun auf der Basis dieser Informationen gezielte Angriffe gegen den Netzknoten und den Server des Bundesnachrichtendienstes fahren. Das Verhalten des BND lässt nicht unbedingt auf fundierte Kenntnisse in Sachen IT-Sicherheit und Datenschutz schließen. Der Google-Cache als einziges Datenschutz-Mittel ist zur Identitätsverschleierung einfach zu dürftig. Und überhaupt: Können wir Google selbst vertrauen? Wie geht Google mit den Milliarden Nutzerdaten um, die auf seinen Servern anfallen? Auf ihrer Basis könnte schließlich jeder Geheimdienst strategische Aufklärung betreiben.

Protokollierte Gespräche

Die Fahnder interessieren sich allerdings nicht nur für die Internetverbindungsdaten, sondern für alle Telekommunikationsverkehrsdaten. Das Telekommunikationsgesetz (TKG) erlaubt es den Telekommunikationsbetreibern grundsätzlich, alle entstehenden Verkehrsdaten bis zu sechs Monaten nach Versendung der Rechnung zu speichern. Dazu gehört auch die Speicherung von Zielrufnummern, die zuvor nur verkürzt gespeichert wurden. Sobald die Daten abgerechnet sind, darf der Betreiber sie löschen. Benötigt er sie für die Abrechnung nicht, da sie pauschal erfolgt, darf er sie sogar sofort löschen – was jedoch in der Praxis kaum erfolgt. Vermutlich wird diese vergleichsweise liberale Regelung nicht mehr lange Bestand haben. Denn der Druck seitens der Unionsparteien wie der Europäischen Union nimmt zu, die Daten über einen Mindestzeitraum auf jeden Fall zu speichern. So verlangt der von den Unionsparteien dominierte Bundesrat bereits seit Jahren, die Anbieter dazu zu verpflichten, die Daten mindestens sechs Monate zu speichern. Rückenwind erhalten die Innenpolitiker aus der Europäischen Union: Frankreich, Großbritannien, Irland und Schweden legten im Frühjahr 2004 dem Ministerrat einen Rahmenbeschluss zur Speicherung von Telekommunikationsdaten über einen Zeitraum von 12 bis 36 Monaten vor.[17] So sollen nicht nur die Verbindungsdaten, alle Arten von Telefonie- und Datenkommunikation – einschließlich Messaging-Diensten und Voice-over-IP – erfasst und gespeichert werden, sondern auch Lokalisierungsdaten. Damit streben sie, wenn auch relativ unspezifisch, die »Prävention« von »Verbrechen und strafbaren Handlungen, einschließlich des Terrorismus« an. Mit dem Vorschlag stießen die Länder allerdings bei den Betreibern auf wenig Verständnis. Diese kritisierten die Speicherverpflichtung aus bürgerrechtlichen wie aus wirtschaftlichen Gründen: Sie würde die informelle Selbstbestimmung der Bürger aushebeln und sie pauschal unter Terrorismusverdacht stellen. Arndt Groth, Präsident des Multimediaverbands DMMV, wies darauf hin, dass gerade Kriminelle und Terroristen erfahrungsgemäß in der Lage seien, ihre Spuren mit Hilfe von Anonymisierungsdiensten oder Nachrichtenverschlüsselung zu verwischen. Zudem kämen auf Internetprovider und Netzbetreiber Kosten in dreistelliger Millionenhöhe zu, die durch die Bereitstellung von Speichermedien und der Datensicherung entstünden.

Angesichts der immer neuen Vorstöße soll auch Bundesinnenminister Otto Schily ein Gesetz planen, das Telekommunikationsanbieter verpflichtet, die Verbindungsdaten mindestens ein Jahr lang zu speichern, um Straftaten besser feststellen und verfolgen zu können sowie die Überwachung von Personen unter Terrorismusverdacht zu erleichtern. Datenschützer haben allerdings »erhebliche verfassungsrechtliche Bedenken«.[18] Allein eine freiwillige Speicherung bis zu sechs Monaten würde dazu führen, »dass Millionen von Verkehrsdatensätzen selbst dann noch unverkürzt gespeichert bleiben und dem Zugriff anderer Stellen ausgesetzt sind, wenn die Diensteanbieter sie für ihre Abrechnungszwecke nicht mehr benötigen.«

Schon heute dürfen nicht nur Strafverfolgungsbehörden, sondern auch Zoll, Verfassungsschutz, Militärischer Abschirmdienst (MAD) und Bundesnachrichtendienst (BND) den automatischen Abfrageservice der öffentlichen Telekommunikationsdienste nutzen. Sogar Notrufabfragestellen dürfen auf die Daten zugreifen, um einen Anrufer rückzuverfolgen und zu lokalisieren. Das Bundesamt für Finanzen darf die sensiblen Verkehrsdaten ebenso abfragen wie die so genannten »Schwarzarbeit-Fahnder« von Ordnungsämtern, Arbeitsämtern und Zoll. Schon vor der Gesetzesnovelle beklagte sich denn die Deutsche Telekom über das stark gewachsene Interesse der Strafverfolger an den Verbindungsdaten. »Allein die Anordnung massenhafter Zielwahlsuchläufe bei Straftaten von allenfalls mittlerer Schwere hat ganz große Ausmaße angenommen«, berichtete Bernd Köbele, Leiter der Abteilung »Staatliche Sicherheitssonderauflagen« der Deutschen Telekom des Konzerns auf der Fachkonferenz »Sicherheitsinteresse contra Privatsphäre«.[19] Täglich gäbe es Tausende von Abfragen. Für das Aufspüren von Kontakten zu ausländischen Handy-Nutzern müsse die Telekom ihre 50 Millionen Kunden alle drei Monate komplett durchrastern. Köbele berichtete, dass Staatsanwälte der Telekom »Formblatt-Anordnungen« und Richterbeschlüsse ohne individuelle Begründung vorlegten. Einzelne Landgerichte würden dann Beschwerden der Telekom gern »ohne Prüfung der Sachargumente« als unzulässig zurückweisen.

Obwohl der Ende 2001 in die Strafprozessordnung (StPO) eingeführte Paragraph 100 g, der die Herausgabe von Verbindungsdaten regelt, die Rechtmäßigkeit des Eingriffs nur bei Straftaten von erheblicher Bedeutung und einem konkreten Tatverdacht erlaubt, sieht die Praxis offenbar anders aus. Laut Köbele verstünden die Staatsanwaltschaften den Paragraphen als »allgemeinen Anspruch«. So gründeten sich manche Anordnungen auf bloße Vermutungen der Polizeibeamten.

Wunsch und Wirklichkeit

Der Staat muss sein Handeln rational begründen – und zwar nicht durch ein diffuses, in dieser Form gar nicht existentes »Grundrecht auf Sicherheit«. Die Zahlen sind beunruhigend: Seit Mitte der 90er Jahre werden immer mehr Telefongespräche in Deutschland abgehört. Diese Entwicklung brachte Deutschland den Ruf des »Abhörweltmeisters« ein. Außer diesen Zahlen weiß man bislang jedoch wenig über das Abhören: Wie viele Bürger sind betroffen, die nicht einer Straftat beschuldigt werden? Nützt es den Strafverfolgern wirklich? Wie viele Verfahren führen zu Verurteilungen?

Zuletzt wurden im Jahr 2002 21 874 Anschlüsse abgehört. In Bremen wurden bezogen auf die Einwohnerzahl die meisten Telefone überwacht. Gefolgt wird Bremen von Hessen und Hamburg. Der Medienstandort Hamburg war in den vier Jahren zuvor unangefochten der bundesweite Spitzenreiter. Auffallend zurückhaltend hingegen zeigen sich die Rheinländer: Während in Bremen etwa 10,2 und in Hamburg 7,1 Verfahren auf 100 000 Einwohner kommen, sind es in Nordrhein-Westfalen gerade einmal 2,9. Die Zahl der Betroffenen dürfte um ein Hundertfaches höher liegen, schätzt der schleswig-holsteinische Landesdatenschützer Helmut Bäumler. Damit steht die Bundesrepublik weltweit an der Spitze der demokratischen Staaten. Den ehemaligen Bundesverfassungsrichter Jürgen Kühling brachte dies dazu, das Brief- und Fernmeldegeheimnis als »Totalverlust« abzuschreiben.[20]

Das Bundesjustizministerium stellte die Ergebnisse einer einschlägigen Studie im Mai 2003 der Presse vor. Knapp vier Jahre zuvor hatte es die Studie »Rechtswirklichkeit und Effizienz der Überwachung der Telekommunikation« beim Max-Planck-Institut in Freiburg/Br. in Auftrag gegeben. Jahrelang hatte Datenschützer auf eine solche Studie gedrungen. Denn national und international liegen nur wenige systematische Auswertungen vor.

31 Millionen Gespräche abgehört

Da einige Bundesländer die Akten den Forschern des Max-Planck-Instituts nur sehr zögernd zur Verfügung stellten, liegen die Ergebnisse erst jetzt vor. Die Wissenschaftler werteten 523 Verfahrensakten aus dem Jahr 1998 aus, die 1488 Telekommunikationsüberwachungsanordnungen für 2370 Anschlüsse enthielten. 2760 Praktiker gaben per Fragebogen Auskunft, 43 Experten im Interview. E-Mails spielten übrigens nur eine untergeordnete Rolle – im Jahr 1998 wurden gerade einmal vier E-Mail-Überwachungen in den Akten dokumentiert.

Bei 60 Prozent der Verfahren stellten die Wissenschaftler Ermittlungserfolge aufgrund der Überwachung fest. Das Abhören, so schlussfolgerte Bundesjustizministerin Brigitte Zypries, sei also durchaus effektiv. Doch nur in 17 Prozent wurden unmittelbare

Erfolge erzielt. Der größte »Erfolg« lag mit 37 Prozent in »mittelbaren Erkenntnissen« mit vorwiegend »Hinweisen auf Straftaten Dritter«.

Durchschnittlich hörten die Strafverfolger pro Überwachungsanordnung 1407 Gespräche ab. Damit wurden im Jahr 2002 rein rechnerisch bei etwa 22000 Anordnungen 31 Millionen Gespräche abgehört. Nur 38 Prozent der überwachten Anschlüsse gehörten den Beschuldigten, 60 Prozent gehörten Dritten. 20 Prozent der nicht beschuldigten, überwachten Anschlussinhaber hatten ein Zeugnisverweigerungsrecht gehabt. Darunter fallen beispielsweise die Anschlüsse von Ehegatten und nahen Verwandten, nicht jedoch die Anschlüsse von Abgeordneten, Geistlichen, Rechtsanwälten oder Journalisten. Nur in 15 Prozent aller Fälle wurden die Beteiligten über die Maßnahme benachrichtigt, obgleich das Gesetz dies für alle Beteiligten verlangt.

Der Frankfurter Datenschutzexperte Johann Bizer vermisst, dass »die Streubreite der Maßnahmen nicht transparent« werde. Denn mangels verfügbarer Datenlage erfasste die Max-Planck-Studie nicht, wie viele unbeteiligte Personen von einer Überwachungsmaßnahme betroffen werden, obwohl sie mit dem Verdacht nichts zu tun haben. Dabei, so Bizer, hat die Bundesregierung die Erfassung dieser Daten selbst in der Hand: »Sie muss nur die Provider verpflichten, entsprechende anonymisierte Daten zu erfassen und der Bundesregierung mitzuteilen.«

Zwar wird die Telekommunikationsüberwachung selbst als Beweismittel relativ selten verwendet – weil dies mit einem erheblichen Aufwand verbunden ist. Doch besitzt sie einen hohen Erkenntniswert für die Ermittlungen. Oft wird sie genutzt, um weitere Sachbeweise zu erlangen. 60 Prozent der Angeklagten, die im Ermittlungsverfahren noch kein Geständnis abgelegt hatten, sind in der Hauptverhandlung geständig, wenn sie über die Abhörmaßnahmen Bescheid wissen.

»Die Telekommunikationsüberwachung ist ein Massengeschäft geworden«, zitiert die Studie einen Praktiker. Zum größten Teil wird sie inzwischen proaktiv eingesetzt, also noch *bevor* es zur Tat kommt. Im Bereich der Transaktionskriminalität ist sie inzwischen »wichtig und unabdingbar«, denn hier gibt es keine Opfer, die Anzeige erstatten könnten. Die Ermittlungen bei organisierter Kriminalität bestehen darin, Netzwerkstrukturen aufzudecken – bevor der nächste Coup läuft. Diese so genannte »proaktive Telekommunikationsüberwachung« dient also nicht der Überführung einzelner Verdächtiger, sondern Vor- und Strukturermittlungen. Allerdings ist das proaktive Abhören, das in der Praxis längst bewährt ist, im Strafrecht noch gar nicht implementiert. Die Wissenschaftler plädieren deshalb dafür, klare gesetzliche Vorgaben zu finden.

In der Auswertungspraxis der riesigen Datenmengen gibt es einige Schwierigkeiten. So haben die Strafverfolger »große Probleme« zuverlässige Dolmetscher zu finden, besonders für exotische Sprachen. Auch wünschen sie sich »eine Optimierung der Zusammenarbeit« mit den Telekommunikationsunternehmen – zu den Kosten verliert die Studie übrigens kein Wort. Ein »großes Manko« sei allerdings, wie der Richtervorbehalt in der Praxis umgesetzt werde: Es mangele an »Transparenz, Nachvollziehbarkeit und Kontrolle«. Bei 70 Prozent der Anordnungen ergeht ein richterlicher Beschluss spätestens einen Tag nach Antragstellung. 23 Prozent der Beschlüsse sind formelhaft formuliert, 21 Prozent der Beschlüsse entsprechen dem Antrag der Staatsanwaltschaft. Nur 24 Prozent der Beschlüsse sind substanziell begründet. Nicht nur Ermittlungsrichter, sondern auch Polizisten und Staatsanwälte beurteilen dieses Modell inzwischen teilweise als »degeneriert und verbesserungswürdig«. Die Wissenschaftler empfehlen deshalb, das Richtersystem funktionell und personell zu stärken. So sollten Untersuchungsrichter die Anträge prüfen, die ausschließlich mit Vorermittlungen befasst sind. Der ehemalige Bundesdatenschutzbeauftragte Joachim Jacob plädierte für »die Einrichtung von ein oder zwei Strafkammern an den Oberlandesgerichten, die allein für Telekommunikationsüberwachung zuständig sind«. Die Richter könnten dann aufgrund profunderer Erfahrungen die Maßnahmen besser begleiten. Bundesjustizministerin Brigitte Zypries will sich hingegen mit einer detaillierteren richterlichen Begründung zufrieden geben.

Jacob forderte außerdem, im Interesse der Transparenz die Berichtspflichten auszubauen. In angelsächsischen Ländern hätten Strafverfolger zwar weitreichende Befugnisse, jedoch auch weitreichende Berichtspflichten. Die Folge: Während in Deutschland 15 von 100000 Bürgern abgehört werden, sind es dort weniger als ein Bürger von 100000. In der Max-Planck-Studie sieht Jacob alle Forderungen als »nachhaltig« bestätigt. Die Studie zeige, dass die Telekommunikationsüberwachung in der Praxis, anders als vom Gesetzgeber gedacht, nicht die »Ultima Ratio« sei. Die Unterschiede zwischen rechtlichen Vorgaben und Rechtswirklichkeit seien so deutlich, dass die Einführung oder Erweiterung anderer Überwachungsmaßnahmen ohne Evaluierungsmaßnahmen »nicht mehr möglich« sei.

Neue Abhörregeln

Mit der Novelle des Telekommunikationsgesetzes wurden die Vorgaben für die Einrichtung von Überwachungsschnittstellen leicht verändert. So nehmen die Anbieter öffentlicher Telekommunikationsdienste am automatisierten Auskunftsverfahren teil, bei dem die Abhörer selbst auf die Daten zugreifen können. Bei Firmennetzen jedoch wird es keine solche Abfragemöglichkeit geben. Gleichwohl müssen alle Betreiber Rufnummer, Name, Anschrift, Geburtsdatum, Anschlusslage und Vertragsbeginn sowie gegebenenfalls auch das Vertragsende speichern. Dies gilt auch dann, wenn sie die Dienstleistung über Vertriebspartner vermarkten. Nur Betreiber nicht öffentlicher TK-Dienste dürfen diese Daten so speichern, wie sie möchten. Alle Betreiber müssen auch die Aufstellung von Überwachungsgeräten für die strategische Fernmeldeüberwachung dulden und auch BND-Bediensteten sowie der Kontrollkommission des Bundestags jederzeit Zugang erlauben. Offenbar dauerte es in der Vergangenheit oft mehrere Wochen, bis die Betreiber diese Bestandsdaten auf Anfrage herausgaben. Die Bundesregierung hat deshalb eine Art Qualitätsoffensive im Gesetz verankert: So werden Bußgelder verhängt, wenn die Betreiber Auskünfte über Bestandsdaten nicht »unverzüglich« erteilen. Abrufen können Gerichte, Strafverfolgungsbehörden sowie Polizei, Zoll, Verfassungsschutz, militärischer Abschirmdienst und Bundesnachrichtendienst diese Daten, aber auch die Inhalte der abgehörten Gespräche mit Hilfe des auf Kosten der Betreiber installierten Abfrageservices. Die Liste der berechtigten Stellen hat sich mit der Novelle des Telekommunikationsgesetzes Anfang 2004 erheblich erweitert: Notrufabfragestellen dürfen die automatische Abfrage nutzen, um die missbräuchliche Verwendung des Notrufs durch eine Rückverfolgung des Anrufers zu ahnden. Das Bundesamt für Finanzen darf im Kampf gegen Steuersünder die Daten abfragen ebenso wie die »Schwarzarbeit-Fahnder« der Ordnungsämter, Arbeitsämter und Zoll. Die Datenabfrage soll mit »Jokerzeichen« wesentlich erleichtert werden. »Ähnlichenfunktionen« sollen auch dann Ergebnisse generieren, wenn eine erste Abfrage keine Treffer bringt. Allerdings sollen nicht alle berechtigten Stellen über die ganze Palette der Abfragemöglichkeiten verfügen können. Der Abruf von Verbindungsdaten wird aber generell ein Fahndungsmittel, das nicht mehr allein der Polizei vorbehalten ist.[21]

In der Kostenfrage zeigte die Bundesregierung nach jahrelangem Streit ein Einlenken, als der österreichische Verfassungsgerichtshof die Kostenübernahme durch die Unternehmen in einem Urteil am 27. Februar 2003 komplett kippte. Laut Gericht sei sie verfassungswidrig, da sie den Grundsatz der Verhältnismäßigkeit verletze. Da eine Verfassungsklage in Deutschland aufgrund der ähnlichen Rechtslage durchaus Erfolg hätte haben können, entschloss sich die Regierung im März 2004 zu einem Kompromiss, der die Unternehmen mit einer »angemessenen« Erstattung entschädigen soll. Die Erstattung bezieht sich aber nur auf die Abfragen von Kundendaten, nicht jedoch auf die Installation grundsätzlicher Überwachungsinfrastrukturen. Genaueres soll in einer neuen Verordnung geklärt werden, der die Bundesländer noch zustimmen müssen.

Fallstricke der Lauschpraxis

Obgleich gesetzlich alle Weichen für ein reibungsloses und lückenloses Abhören gestellt sind, gibt es für das Abhören von Internetverkehr und E-Mails noch keine einfache technische Lösung. Derzeit wollen in das lukrative Abhörgeschäft etwa ein Dutzend Anbieter einsteigen: Zu den Wettbewebern auf dem deutschen Markt gehören die bayrische Firma GTEN, der Elektronikkonzern Siemens, der französische Anbieter Aqsacom sowie die israelische Firma Comverse. Die meisten Überwachungsanbieter bieten eine Komplettlösung an, die sowohl die Duplizierung als auch die Auswertung der überwachten Daten auf den unterschiedlichen Protokollebenen umfasst.

Doch nach deutschem Recht endet die Verpflichtung der Netzbetreiber mit der Übergabe der Rohdaten. Die Auswertung ist Sache der Behörden und muss nicht von den Providern übernommen werden. Die meisten Anbieter beschränken sich auf klassische LAN-Techniken, die jedoch weder Glasfaser noch WAN-Protokolle berücksichtigen. Denn die Produkte stammen ursprünglich aus der im angloamerikanischen Rechtsraum üblichen Mitarbeiterüberwachung. Dabei arbeiten sie teilweise mit Software-Sniffern, womit sie in der Bandbreite begrenzt sind. Auch, so hat Netzwerksicherheitsspezialist Wolfgang Bäuml von British Telecom in Erfahrung gebracht, berücksichtigen die meisten Anbieter die besonderen Forderungen der deutschen Telekommunikationsüberwachungs-Verordnung, etwa hinsichtlich Protokollierung und Revisionsfähigkeit, nicht.

Die staatlichen Stellen sind primär an der Überwachung der klassischen Massendienste wie analoger oder ISDN-Telefonie, Mobilfunk einschließlich GPRS und künftig UMTS interessiert. Die Telekommunikations-Überwachungsverordnung (TKÜV) enthält jedoch im Hinblick auf die Verpflichtung der Netzbetreiber, Überwachungstechnik vorzuhalten, keine Begrenzung hinsichtlich Bandbreiten oder Zugangstechniken. Netzbetreiber müssen sich also auch Gedanken um die Überwachbarkeit von modernen High-Speed-Datendiensten für Geschäftskunden machen und sind dabei etwas ratlos.

Keine überzeugenden technischen Lösungen gibt es etwa beim »Anzapfen« einer Glasfaser, ohne dass dies der Überwachte, etwa durch eine kurze Unterbrechung beim Einschleifen von Splittern, feststellen kann. Dabei werden Endkunden zunehmend mit Glasfasern und nicht mit Kupferkabeln ans Netz angebunden. 34 Mbit/s. sind bereits sehr verbreitet. Immer mehr Großkunden verlangen Anbindungen mit 155 Mbit/s. Technisch machbar sind sogar Geschwindigkeiten im Gigabereich. Bald werden auch kleine und mittlere Unternehmen, ja sogar Privatkunden in Ballungsräumen nach schnellen Breitbandanschlüssen rufen.

Für die Überwacher sind das keine guten Perspektiven: Für Hochgeschwindigkeitsnetze müssen hardwarebasierte Sniffersysteme eingesetzt werden, um anhand von Protokollheadern in Echtzeit zu entscheiden, welche Datenpakete dupliziert werden müssen. Wolfgang Bäuml weist darauf hin, dass Überwachte jedoch solche Sniffersysteme durch zahlreiche Manipulationen der Protokoll-Header »gezielt« aushebeln können: Besonders lange E-Mail-Adressen haben etwa gute Chancen, dem Zugriff bei der Mail-Überwachung zu entgehen.[22]

Ein redundantes Netzdesign mit dynamischem Routing, wie es zunehmend aus Gründen der Verlässlichkeit und Handhabbarkeit angewandt wird, stellt die Überwacher vor weitere Fragen: Wo sollen die Daten abgegriffen werden? Wer überwacht den Datenfluss, der direkt zwischen zwei Kunden abgewickelt wird? Auch seien, so Wolfgang Bäuml, Paketverluste direkt an der Überwachungsschnittstelle und insbesondere bei der Ausleitung zur Behörde bei hoher Auslastung unvermeidbar. Außer bei sehr einfachen Anwendungsprotokollen kann dann der gesamte Übertragungsvorgang nicht mehr sinnvoll ausgewertet werden, sagt Bäuml. Ein grundsätzliches Übel im Internet schlägt voll zu: Gefälschte IP-Adressen sind für den Provider nicht erkennbar und können damit einem Überwachten nicht zweifelsfrei zugeordnet werden. Die Schlussfolgerung für Wolfgang Bäuml ist eindeutig: »Inbesondere für High-Speed-Netze kann ich in grundlegenden Fragen keine TKÜV-konformen technischen Lösungen erkennen.« Für das Bundeswirtschaftsministerium, das die TKÜV erarbeitet hat, sind das keine erfreulichen Aussagen. Hinzu kommt, dass das aktuelle Konzept noch weitere Lücken aufweist. So müssen alle Unternehmen, die Telekommunikationsdienstleistungen für die Öffentlichkeit erbringen, nach der Novellierung des Telekommunikationsgesetzes die staatliche Überwachung von Telekommunikation ermöglichen. Betreiber, die mehr als 1000 Teilnehmer versorgen, müssen eine Überwachungsanordnung außerhalb der Geschäftszeiten innerhalb von sechs Stunden entgegennehmen und nach Benachrichtigung innerhalb von 24 Stunden umsetzen.[23]

Das Abhören der Telekommunikation funktioniert in der Praxis also nicht lückenlos. Ähnlich wie bei der Biometrie spielt also auch hier der psychologische Effekt eine erhebliche Rolle: Potenzielle Straftäter wissen, dass sie abgehört werden können, und bewegen sich deshalb vorsichtiger.

Internationale Abhörpolitik

Der staatliche Lauschangriff auf Telefone, Handys, Fax und Internet wurde mit der so genannten Telekommunikations-Überwachungsverordnung (TKÜV) ein großes Thema in Deutschland. Denn ihre Entstehungsgeschichte zeigte, dass das Abhören kein rein nationales Thema mehr ist. Jahrelang verhandelten internationale Gremien über Abhörstandards, die Öffentlichkeit wurde systematisch ausgeschlossen. Die Entstehungsgeschichte der TKÜV veranschaulicht beispielhaft, wie staatliche Eigeninteressen sich über die Interessen einer demokratisch legitimierten Vertretung erfolgreich hinwegsetzen können.

Erstmals öffentlich diskutiert wurde das Problem der Abhörschnittstellen vor der Verabschiedung des Telekommunikationsgesetzes (TKG) im Jahre 1996. Die Abgeordneten Jörg Tauss (SPD) und Manuel Kiper (Bündnisgrüne) zeigen sich bei den Ausschussberatungen zum Gesetz besorgt über den Paragraphen 88, der es den Betreibern der Telekommunikationsanlagen vorschrieb, die Überwachungsmaßnahmen »auf eigene Kosten zu gestalten und vorzuhalten«. Schon damals wies Kiper darauf hin, dass davon nicht nur Telekommunikationsbetreiber wie die Deutsche Telekom, sondern auch Internet-Provider betroffen sein würden. Für Tauss war die Belastung der jungen Internetwirtschaft der Hauptgrund, als einziger SPD-Abgeordneter gegen das Gesetz zu stimmen. Die anderen Abgeordneten betrachteten die Sorge der beiden eher als Panikmache. Schließlich ging es ja im Kern um die Liberalisierung des Telekommunikationsmarktes, vom Internet sei in dem Gesetz auch keine Rede. Darüber hinaus hatten die für den Gesetzesentwurf verantwortlichen Ministeriumsbeamten versichert, dass nur die klassischen Telekommunikationsbetreiber von den Abhörauflagen betroffen sein würden. Die Mehrheit glaubte diesen Versicherungen treuherzig und verabschiedete am 13. Juni das »Abhörgesetz«[24].

Dass die Mehrheit des Bundestags damit vorsätzlich in die Irre geführt wurde, wurde erst viel später klar, und dies auch nur Schritt für Schritt. Die internationale Dimension und die Entstehungsgeschichte des Paragraphen 88 zeigte sich erst, als unter Verschluss gehaltene Papiere in die Hände von Journalisten gelangten, die sie in »Telepolis« veröffentlichten. 1996 wusste jedoch kein einziger Abgeordneter, dass der Formulierung des Paragraphen 88 in den Ministerien eine jahrelange Diskussion in internationalen Arbeitsgruppen vorausgegangen war. Es war ihnen nicht bewusst, dass der Regierungsapparat ohne Rücksprache und demokratische Legitimierung seine eigene Politik verfolgt hatte.

An den internationalen Arbeitsgruppen hatten nicht nur Beamte des Bundesinnenministeriums und -justizministeriums, sondern auch Strafverfolger teilgenommen. Diese Arbeit gipfelte im »Ratsbeschluss zum gesetzlichen Abhören von Telekommunikation«, der am 17. Januar 1995 von den EU-Ministern in einer anfangs geheimen Entscheidung verabschiedet worden war. Er enthält die so genannten »International User Requirements« (IUR). Doch erst nach der Verabschiedung des TKG im Deutschen Bundestag wurde er am 4. November 1996 im Official Journal C329 veröffentlicht.

Wer aber hat die »International User Requirements«, die »internationalen Nutzeranforderungen«, besser den Wunschkatalog der Abhörer, erarbeitet? Erst im Zuge der Recherchen des österreichischen Journalisten Erich Moechel, des britischen Journalisten Duncan Campbell und mir in den Jahren 1998 und 1999 wurde deutlich, dass die Vorbereitungen bis mindestens in das Jahr 1992 zurückreichen. Im Juni 1992 wurde der FBI-Bericht über die »Anforderungen von Strafverfolgungsbehörden zur Überwachung der elektronischen Kommunikation« formuliert, der als Vorlage für die IUR fungierte.

Im November 1993 trafen sich auf Einladung des FBI Beamte aus den USA, der EU, Kanada, Schweden, Norwegen, Finnland, Hongkong, Australien, Neuseeland im FBI-Ausbildungszentrum in Quantico, Nähe Washington D.C. Sie gründeten das ILETS, das International Law Enforcement Telecommunications Seminar. Die Gruppe, die sich fortan regelmäßig zur Erarbeitung der »International User Requirements« treffen würde, ist intern auch als Quantico-Gruppe bekannt. Das politische Ziel besteht unter anderem darin, die praktische Durchsetzung geplanter Rechtshilfeabkommen zu ermöglichen. Die internationale Zusammenarbeit der Polizeibehörden soll schneller und effektiver funktionieren.

Unterstützt und vorangetrieben wird der Prozess von den europäischen Justiz- und Innenministern. Der EU-Rat für Justiz und Inneres trifft sich kurz nach dem Quantico-Meeting in Brüssel und verabschiedet einen Beschluss zum »Abhören von Kommunikation«: Er beruft eine Expertengruppe ein, um die Anforderungen der EU mit denen der USA zu vergleichen. Auch soll die Gruppe die Anforderungen der EU gegenüber den Drittstaaten des Quantico-Treffens formulieren, »um eine Diskussion, die allein auf den Anforderungen des FBI beruht, zu vermeiden«. Die gemeinsame Arbeit an den »International User Requirements« wird damit Ende 1993 formal beschlossen, der Grundstein für die EU-USA-Abhörkooperation ist damit gelegt. In den USA geht die Angelegenheit gemäß den Vorstellungen des FBI schnell und zügig voran: Schon 1994 unterbreitet das FBI einen Vorschlag für »The Digital Telephony and Privacy Improvement Act«. Der Gesetzesentwurf wird im August dem Kongress als »The Communications Assistance for Law Enforcement Act« (CALEA) vorgestellt. Kurze Zeit später, im Oktober, wird CALEA durch die Unterschrift von Clinton verabschiedet. Drei Monate später, im Januar 1995, folgen die EU-Minister mit ihrem geheimen Ratsbeschluss, der die »International User Requirements« ganz offiziell zur europäischen Politik macht.

Es sollte jedoch noch Jahre dauern, bis die volle Tragweite der »International User Requirements« erkannt wurde. Erst mit dem zweiten Entwurf der Telekommunikations-Überwachungsverordnung im April 1999 wurde klar, dass »die international abgestimmten Anforderungen an die Umsetzung von Überwachungsmaßnahmen ... als Grundlage« für den Entwurf »berücksichtigt werden müssen«. Denn erst dort werden die »International User Requirements« erstmals klipp und klar in einer Fußnote des Entwurfs genannt.

Nach der Verabschiedung des TKG 1996 galten die Telekommunikationsexperten der SPD- und Bündnisgrünen-Fraktion, Tauss und Kiper, immer noch als Panikmacher. Die Geschichte nahm deshalb unbehindert ihren weiteren Lauf: Im Juni 1997 nimmt der ITU-Rat die »International User Requirements« mit Erweiterungen an, am 30. Oktober 1997 legt der Bundestag nach, indem er das Begleitgesetz zum Telekommunikationsgesetz verabschiedet. Es verpflichtet auch die »geschäftsmäßigen Erbringer von Telekommunikationsdiensten« zur Mitwirkung an Überwachungsmaßnahmen. Damit müssen nun auch Firmennetze Abhörschnittstellen auf eigene Kosten installieren, genauso wie Hotels oder Krankenhäuser. Schon zwei Wochen später, am 14. November, wird der erste Entwurf der TKÜV fertig gestellt.

Obwohl alle Weichen längst gestellt sind, ahnen die meisten Abgeordneten noch immer nicht, welche Folgen das Telekommunikationsgesetz, das Telekommunikationsbegleitgesetz, die »International User Requirements« und die Telekommunikations-Überwachungsverordnung eigentlich haben. Im April 1998 rüttelt jedoch ausgerechnet eine Pressemitteilung des CDU-Wirtschaftsrates zur TKÜV alle wach: Der Wirtschaftsrat geht von über 400 000 Betroffenen aus. Einen Monat später werden die TKÜV-Pläne von Ingo Ruhmann und mir in der Computerzeitschrift *c't* veröffentlicht.[25] In einer vorsichtigen Kalkulation gehen wir von rund 100 000 Mark jährlichen Mindestkosten pro Abhörschnittstelle aus. Die »Wirtschaftswoche« rechnet es schnell aus: 40 Milliarden wird die Wirtschaft in die staatliche Abhörtechnik investieren müssen – mehr als die Bundeswehr jährlich zur Verfügung hat. Doch laut Branchen-Insidern sind diese Schätzungen noch viel zu »konservativ«. In der Tat: Allein eine mittelgroße Bank rechnet heute mit 200 000 Euro, eine Großbank mit einem zwei- bis dreistelligen Millionenbetrag. Die Wirtschaft schreit auf, will sich nicht zum Abhörgehilfen des Staates machen lassen.

Alarmiert von der Kritik, lässt der damalige Bundeswirtschaftsminister Günter Rexrodt die für den 17. Juni geplante Anhörung zur TKÜV absagen – zumal die Regierung im Bundestagswahlkampf keine wirtschaftsfeindlichen Schlagzeilen riskieren will. Schnell wird klar: Das Gesetz muss geändert werden, eine schnelle Korrektur der TKÜV wird die Sache nicht mehr retten. Auch ein zweiter Anhörungstermin für den 15. Juli wird deshalb abgesagt. Das Ministerium zieht die TKÜV zurück.

Auf internationaler Ebene gehen derweil die Arbeiten an den IUR weiter. Die Mühlen der internationalen Abhörlobbyisten mahlen langsam, aber stetig. Vom 14. bis 16. Juli 1998 treffen sich die IUR-Experten erneut in Rom und erweitern das IUR-Dokument um neue Anforderungen, unter anderem für das Internet. Vom 3. bis 4. September trifft sich die Enfopol-Arbeitsgruppe des EU-Rats in Brüssel, um die Änderungen an den IUR zu prüfen. Das Ergebnis dieser Sitzung ist das Dokument »Enfopol 98«. Es verlangt die Abhörfähigkeit aller »neuen Technologien« inklusive Internet, Prepaid-Cards, Satellitentelefone. Veröffentlicht wird es im Volltext im Netzmagazin »Telepolis«.

Die Enfopol-Papiere

Erst jetzt wird Politikern, Datenschützern und vor allem der Wirtschaft klar, dass die TKÜV nicht nur ein rein deutsches, sondern ein europäisches Problem ist. Das Echo reicht von harscher Kritik bis zur fassungslosen Empörung. Schon am 3. Dezember wird das Papier mit »Enfopol 98 Rev 2« bei einem informellen Treffen der europäischen Minister für Justiz und Inneres in Brüssel wieder etwas zurückgeschnitten. Umstrittene Abschnitte wie etwa zur Kryptografie fallen heraus.

Am 28. April 1999 stellt das Bundeswirtschaftsministerium, jetzt unter rot-grüner Regierung, die Eckpunkte für eine neue TKÜV zur Diskussion vor: Der Kreis der Betroffenen wird eingeschränkt. Doch die Internetprovider müssen auf eigene Kosten Überwachungsschnittstellen vorhalten. In einer Fußnote verweist das Ministerium auf die International User Requirements (IUR). Damit wird erstmals offiziell die Vermutung bestätigt, dass die staatliche Abhörpolitik nicht nur auf europäischer Ebene, sondern auch auf internationaler Ebene koordiniert wird – ohne expliziten politischen Auftrag durch die Parlamente.

Die Kritiker können einen weiteren Teilerfolg verbuchen: Ende Mai 1999 trifft sich der Europäische Rat für Justiz und Inneres in Brüssel und sieht von der geplanten Verabschiedung des Enfopol-Papiers ab, da Diskussionen mit der Öffentlichkeit notwendig seien –

die bis heute jedoch auf europäischer Ebene nicht stattgefunden haben.

Die danach einsetzende Ruhe ist trügerisch. Einige Lobbyisten der Internet-Provider und Telekommunikationsunternehmen glauben, dass die TKÜV auf unbestimmte Zeit in die Schubladen geschoben wurde. Unter Rot-Grün, so hoffen sie, würde das Papier nicht noch einmal angefasst. Sie täuschen sich. Die Arbeiten an der Überwachungsstandardisierung schreiten unvermindert voran – ebenso wie die Anstrengungen zur internationalen rechtlichen Harmonisierung. Am 19. Mai 2000 wird das Europäische Rechtshilfeabkommen unterzeichnet. Darin regelt Paragraph 18 die »Überwachung von Personen im Hoheitsgebiet anderer Mitgliedstaaten ohne deren technische Hilfe«. »Innerhalb eines Jahres nach Unterzeichnung« soll »ein sicheres System zur Übertragung der Abhöranfragen sowie für die Übermittlung der abgehörten Kommunikation« ausgearbeitet werden. Damit ist das grenzüberschreitende Abhören über automatisierte Überwachungsschnittstellen rechtens. Klar wird mit dem Rechtshilfeabkommen auch, warum die Erarbeitung der IUR mit Nachdruck verfolgt wurde.

Angesichts der europäischen Entwicklungen kann Deutschland nicht einfach untätig bleiben. Knapp zwei Jahre nach dem ersten Entwurf legt das Bundeswirtschaftsministerium am 25. Januar 2001 basierend auf den Eckwerten von 1999 den zweiten Entwurf der TKÜV vor. Die Verordnung verlangt nicht nur die Überwachung des Telekommunikations- und Internetverkehrs, sondern sogar die von Kreditkartennummern – ganz im Bann der Enfopol-Dokumente. Auch wirbt die Bundesregierung damit, dass die Verordnung eine Standardisierung der Abhörschnittstellen zur Folge haben wird und dass damit ein kostendämpfender Effekt erzielt werden würde. Das Werben für die Abhörverordnung als kostensparendes Instrument stößt in der Wirtschaft allerdings auf pures Unverständnis. Nicht nur, dass durch eine Standardisierung die Kosten nicht einfach verschwinden – im Internetbereich gibt es noch gar keine Standardisierung.

Interessanterweise tagen am 3. April zeitgleich zur ersten Anhörung der neuen TKÜV im Bundeswirtschaftsministerium zum Thema Internet-Überwachung (World Wide Web, E-Mail, ICQ, Voice over IP) auch die Arbeitsgruppe »Lawful Interception« des European Telecommunications Standards Institute (ETSI) sowie die Arbeitsgruppe 3 LI des »Third Generation Partnership Projects«, einer Allianz von Normeninstituten aus Europa, den USA, Japan, China und Korea.

Abhörservice für den Staat

Kern der Kritik von Wirtschaft und Datenschützern an der Telekommunikations-Überwachungsverordnung ist nicht die Frage, ob der Staat Überwachungsmaßnahmen durchführen, sondern wie er seine Abhörmaßnahmen realisieren soll. Da das 1996 verabschiedete Telekommunikationsgesetz technische Abhörschnittstellen bei den Telekommunikationsanbietern verlangt, gibt es in der TKÜV keinen großen Handlungsspielraum. Die Anbieter müssen kostenlos Servicedienstleistungen für den Staat anbieten. Doch nicht nur die Kosten machen der Telekommunikations- und Internetindustrie Sorgen, sondern auch die Sicherheit der Überwachungsschnittstellen. Sie stellen eigentlich technisch nicht notwendige Sollbruchstellen dar und könnten damit nicht nur den Strafverfolgern, sondern auch unbefugten Eindringlingen die Tür zu fremden Computernetzwerken öffnen. Ungelöst sind dabei die Fragen wie: Kann ein Missbrauch überhaupt festgestellt werden? Wer haftet bei Missbrauch der Schnittstellen?

Sind die Schnittstellen aber überhaupt notwendig? Schon vor der Umsetzung der TKÜV arbeiteten große Provider wie AOL und T-Online mit den Strafverfolgern zusammen. Es ist also nicht so, dass bislang auch ohne Verordnung der Zugriff auf Straftäter im Netz nicht möglich gewesen wäre. Allein durch eine fehlende Verordnung herrscht auf beiden Seiten eine gewisse Verunsicherung. Es fehlt die Verhaltensanweisung, die den Beteiligten klipp und klar sagt, wie sie sich im Bedarfsfall korrekt verhalten sollen. Und den Strafverfolgern fehlt die bequeme Abhörschnittstelle. In den USA wurde mit Rücksicht auf die ökonomischen und sicherheitstechnischen Probleme lange nicht an eine arbeitstechnisch bequeme und aus Sicht der Behörden preiswerte Schnittstellen-Lösung gedacht. Doch auch in den USA kam die Polizei nicht zu kurz, da sie erfolgreich mit den Internet-Providern kooperierte.

Staubsauger im Äther

Wie viele Gespräche der Bundesnachrichtendienst abhört, ist nicht bekannt. Die strategische Kontrolle durch den Bundesnachrichtendienst erlaubt die Überwachung eines gesetzlich geregelten Anteils der internationalen Telekommunikationsbeziehungen. So sollen bei terroristischen Bedrohungen 20 Prozent der Verbindungen abgehört werden, bei Drogenkriminalität nur zehn Prozent. Auf diese Weise soll der »Staubsauger im Äther« klein gehalten werden. Andererseits darf der BND nur die Telekommunikation auswerten, die das Zielgebiet betrifft und dem angeordneten Anteil entspricht. So genannte »versiegelte« Geräte nehmen die Filterung vor, die die übrige Kommunikation »spurlos« vernichten soll. Diese Geräte müssen vom Bundesamt für Sicherheit in der Informationstechnik (BSI) zertifiziert werden. Sie können nur vom BND vor Ort beim Telekommunikationsbetreiber eingestellt werden. Eine Remote-Wartung oder Remote-Steuerung ist ausgeschlossen. Auch müssen Kontrollinstanzen wie die Parlamentarische Kontrollkommission die Einstellungen nachprüfen können.

Anders in den USA: Hier liegen Zahlen darüber vor, wie viele Abhöranträge die Geheimdienste stellen. Seit der Watergate-Affäre in den 70er Jahren haben die US-Geheimdienste nicht mehr so viel abgehört wie im Jahr 2000. Nach dem Gesetz *Foreign Intelligence Surveillance Act* (FISA) müssen die Geheimdienste erst beim Justizministerium Genehmigungen einholen, wenn sie mutmaßliche Spione und Terroristen im Inland abhören wollen. Ein konkreter Tatverdacht muss nicht vorliegen. Laut dem FISA-Jahresbericht, den das US-Justizministerium veröffentlichte, genehmigte das zuständige Spionage-Gericht, der Foreign Intelligence Surveillance Court, alle 1228 Anträge.[26] Anfänglich waren zwei Anträge abgelehnt worden, im Nachhinein bei einigen Modifikationen aber doch zugelassen worden. Im Jahr 2001 genehmigte das FISA-Gericht nur 934 Anträge. Damit holten die Geheimdienste im Jahr 2002 um 31 Prozent mehr Lauschgenehmigungen ein. Die Abhöranträge der Bundespolizei FBI sowie anderer Bundes- und Landesbehörden gingen hingegen im gleichen Zeitraum um 9 Prozent auf 1358 zurück.

Keinerlei Zahlen gibt es jedoch über das geheimdienstliche Abhören im Ausland. In den letzten Jahren geriet vor allem der Echelon-Abhörverbund ins Visier parlamentarischer Ermittlungen: Im Juni 1948 unterzeichnen die USA, Großbritannien, Australien, Kanada und Neuseeland ein streng geheimes Abhörabkommen. Zehn Abhörstationen rund um den Globus filtern die Kommunikation nach dem Bericht der Sonderkommission. Andere Quellen sprechen von deutlich mehr Einrichtungen. Satellitenverbindungen wurden früher mit 30-Meter-Schüsseln abgehört, die meist unter einer weißen Schutzhaube versteckt wurden. Die pilzähnlichen Kugeln waren schon von weitem in der Landschaft zu erkennen. Heute genügen bereits Antennen mit fünf Metern Durchmesser. Die Beobachtung geheimdienstlicher Lauschangriffe auf Satelliten ist deshalb heute kaum noch möglich.

Das europäische Parlament beschäftigte sich in einem Untersuchungsausschuss mit der unangenehmen Frage: Betreiben die USA und Großbritannien Wirtschaftsspionage gegen ihre europäischen Partner? Seit Jahren kommen immer neue Details über einen globalen Abhörverbund mit dem Namen Echelon ans Licht. An dem Datenstaubsauger, der Satelliten, Funkstrecken und Internet-Knotenpunkten Informationen entreißt, sind neben den Vereinigten Staaten und Großbritannien auch Kanada, Australien und Neuseeland beteiligt. Das einst hochgeheime Horchsystem, dessen wichtigste Stützpunkte im bayerischen Bad Aibling und im britischen Menwith Hill liegen sollen, wird nicht nur gegen feindliche Staaten oder Terroristen eingesetzt, ergeben umfassende Recherchen des britischen Journalisten Duncan Campbell. Im Auftrag des EU-Parlaments hatte Campbell bereits einmal einen Echelon-Bericht vorgelegt. Den zweiten, der seit Januar dem Ausschuss vorliegt, stellte er Ende Mai ins Internet.

Campbell schätzt, dass »rund 40 Prozent der US-Geheimdienstaktivitäten wirtschaftlicher Natur« sind. Informationen der CIA flossen nach seinen Erkenntnissen regelmäßig in eine Spezialabteilung des US-Wirtschaftsministeriums. Hunderte von US-Firmen sollen mit deren Unterstützung Aufträge im Ausland erhalten haben. Bei mehreren Großprojekten haben Echelon generierte Hintergrundinformationen die Verhandlungen angeblich zu Gunsten von US-Firmen entschieden. Exemplarisch seien drei Fälle genannt: 1994 schnappte die amerikanische Raytheon Corporation der französischen Thomson-CSF in Brasilien einen Auftrag in Höhe von 1,6 Milliarden Dollar weg. Das europäische Airbus-Konsortium hatte 1995 bei einem Deal in Saudi-Arabien im Wert von sechs Milliarden Dollar gegenüber Boeing und McDonnell Douglas das Nachsehen. 1996 gewannen die US-Energiefirmen Enron, General Electric und Bechtel einen 2,5-Milliarden-Deal im indischen Dabhol – wie in den anderen Fällen angeblich dank der Unterstützung von Echelon.

Auf vier Milliarden Dollar beziffert Duncan Campbell allein den Schaden durch das Spionagesystem für Deutschland. Frankreich musste seiner Ansicht nach sogar auf 17 Milliarden Dollar Exporteinnahmen verzichten. »Vollständig bewiesen ist keiner dieser Fälle«, sagt der Berichterstatter des Sonderausschusses im Europa-Parlament, Gerhard Schmid (SPD). Dennoch sei »das Risiko der Konkurrenzspionage gegeben«. Dass die USA gezielt die

Kommunikation einzelner Unternehmen überwachen, um »Marktverzerrungen durch Bestechung zu Ungunsten von US-Firmen zu verhindern«, gab Ex-CIA-Direktor James Woolsey gegenüber dem Ausschuss bereits offen zu. In seinem Abschlussbericht brandmarkt Schmid solche Abhöraktionen als »menschenrechtswidrig«, falls nicht bereits konkrete Verdachtsmomente wegen Bestechung vorlägen. Firmen und Bürgern rät er »dringend«, ihre Kommunikation zu verschlüsseln.[27]

Unternehmen können ins Visier von Echelon geraten, sobald sie ihre Daten über internationale Verbindungen senden. Selbst Videokonferenzen in multinationalen Konzernen, die über Satellit oder Kabel laufen, können erfasst werden. Wenn Deutschland und Großbritannien den USA ihr Territorium für Echelon-Einrichtungen zur Verfügung stellten, seien die Spionageaktivitäten »mit der Europäischen Menschenrechtskonvention in Einklang zu bringen«, so der Bericht. Weder Deutschland noch Großbritannien haben das bisher versucht. Für Schmid ist klar: Beteiligt sich Großbritannien selbst aktiv an der Spionage, »verletzt es EU-Recht«. Den Nutzen des eher abwägenden Untersuchungsberichts sieht der neuseeländische Journalist Nicky Hager, der die globale Dimension des Datenstaubsaugers 1996 als Erster aufgedeckt hatte, vor allem darin, »zu sagen, dass Echelon wirklich existiert – und zum Selbstschutz aufzurufen. Öffentliche Aufmerksamkeit für eine solche systematische Überwachung ist der erste Schritt hin zur routinemäßigen Verschlüsselung aller Kommunikation.«

Es dauerte allerdings weitere zwei Jahre, bis die Europäische Kommission mit dem Beschluss, eine Europäische Netzwerksicherungsagentur (ENISA) ins Leben zu rufen, einen Teil der Empfehlungen umsetzte.[28] Gerhard Schmid hofft, dass die Agentur »den gemeinsamen Kampf gegen Lauschangriffe sowie gegen Kriminalität« koordinieren wird. Empfehlungen des Parlaments, was die demokratische Kontrolle von Geheimdienstaktivitäten und den Schutz vor Wirtschaftsspionage anlangt, hat die Europäische Kommission allerdings bis heute nicht aufgegriffen.

Kontrolle ist besser

Ungern lassen sich staatliche Behörden bei der Überwachung der Telekommunikation in die Karten blicken. In welchem Umfang sie tatsächlich abhören, wie viele Bürger und Firmen davon wirklich betroffen sind, ist nur selten zu erfahren. Es gibt nur wenige Anhaltspunkte, die einen Hinweis auf das Ausmaß der von staatlicher Seite betriebenen Wirtschaftsspionage geben. Es lässt sich schon gar nicht ermessen, in welchem Ausmaß der Vertrauensverlust der Bürger eine demokratische Gemeinschaft beschädigt. Ob diese Instrumente der Kommunikationsüberwachung wirklich für weniger Terrorismus, für weniger Straftaten sorgen, sei dahingestellt. Ein Gespräch, eine E-Mail kann nur ein Hinweis, aber kein Verbrechen sein. Die Überwachung von Geldflüssen ist hingegen weniger umfassend und konsequent. Genau hier wird die Datenspur jedoch zum Beweis.[29]

Kontrolle und Transparenz finden, wenn überhaupt, nur in den polizeilichen, nicht in den geheimdienstlichen Bereichen statt. Datenschützer fordern deshalb schon lange, nicht allein auf rechtliche Regeln zu vertrauen, sondern die Technik so zu gestalten, dass sie vertrauenswürdig ist. Doch in Überwachungsfragen wie auch bei der Einführung biometrischer Verfahren in Ausweisen sind es vor allem internationale Arbeitsgruppen in Standardisierungsgremien, die die Ausgestaltung der Technik und damit auch ihre Eingriffstiefe in unsere Privatsphäre bestimmen. Neben einigen wenigen Vertretern von staatlichen Behörden sind es vor allem Firmenvertreter, die darüber bestimmen, wie unsere Pässe oder Telekommunikationsmittel funktionieren. Das Mitspracherecht der Bürger endet vor den Türen dieser technischen Gremien; Verbraucher- oder Datenschützer sind hier nicht zu finden, bislang jedenfalls. Demokratisch legitimierte Volksvertreter können an den hinter verschlossenen Türen besprochenen Details und verabschiedeten Ergebnissen nichts ändern. Denn in der Regel ist die Standardisierung bereits abgeschlossen, wenn sich die Parlamente mit ihr beschäftigen.

Die Teile und das Ganze

In den USA gelangt man mittlerweile zu der Überzeugung, man hätte die Terroranschläge verhindern können, wäre man nur in der Lage gewesen »die einzelnen Hinweise miteinander zu verknüpfen«. »Connecting the dots«, das Verbinden von Punkten wie beim Malen nach Zahlen, ist die politische Metapher. Man zieht einen Strich von einem nummerierten Punkt zum nächsten, und am Ende steht da ein Löwe oder ein Tannenbaum. Nach diesem Prinzip, heißt es, sollten in Zukunft auch Sicherheitskräfte ihre Daten zusammenfügen. Denn gab es nicht schon vor dem 11. September Daten über die Attentäter, und hätte man die nicht zu einem Gesamtbild fügen können? Bruce Schneier, prominenter Experte für Computersicherheit in Kalifornien, skizzierte in einem Kommentar das Problem: Die Hinweise lassen sich erst dann zu einem Gesamtbild fügen, wenn die Fakten ausgewertet sind. Kurz nach den Anschlägen war es leicht, die richtigen Verbindungen zwischen Flugschülern in Florida, geheimen Treffen im Ausland, Hinweisen befreundeter Regierungen und Daten der Einwanderungsbehörden zu ziehen. Davor aber besaßen die Fahnder lediglich eine Unzahl maßgeblicher und unmaßgeblicher Erkenntnisse, die, wie Schneier sagte, allenfalls zur Frage führten: »Ist es ein Löwe, ein Baum, ein Bügeleisen oder schlicht ein wirrer Punktehaufen?«[1]

Rund drei Viertel des geheimdienstlichen Aufklärungsmaterials stammen aus offenen Quellen. Mehr als 80 Prozent aller weltweit elektronisch gespeicherten Informationen liegen in Textform vor.

Mit der Explosion des Informationsangebots im Web dürfte dieser Anteil zunehmen. Herkömmliche Suchmaschinen suchen nach bestimmten Wörtern. Sie sind aber nicht in der Lage, auch die Bedeutung eines Wortes zu erkennen und zu berücksichtigen. Die Suche nach »Henry Ford« im Web wird nur für den zum Vergnügen, der bei dieser Gelegenheit auch noch tausende Ford-Händler auf ihren Websites besuchen will. Eine deutliche Verbesserung wäre es, wenn Wörter und ihre Bedeutung automatisch erkannt werden könnten. Noch besser wäre es, wenn die Beziehung der Wörter in einem Satz zueinander automatisch erkannt werden könnte. Programme zur Textanalyse kümmern sich um dieses Problem: Sie versuchen aus dem Kontext, in dem ein Begriff auftaucht, seine Bedeutung zu erkennen. »Henry Ford« würde also als Person erkannt, ein Ford-Autohändler dagegen als »Firma«. Die Suche würde damit dramatisch verbessert, weil präzise nach einem Wort in einer bestimmten Bedeutung gesucht werden könnte. Eine leistungsfähige Textanalyse reduziert den Aufwand der intellektuellen Nachbearbeitung. Damit ist sie für Institutionen, die eine große Menge textueller Information einspeichern, ökonomischer als die nicht zu leistende manuelle Erschließung einzelner Dokumente. Polizeibehörden und Nachrichtendienste arbeiten zum überwiegenden Teil mit unstrukturierten Textdokumenten. Eine leistungsfähige Textanalyse wäre für sie also von enormer Wichtigkeit, um in der Fülle der Dokumente präzise die relevanten Informationen zu erkennen und suchbar zu machen.

Der Gründer der amerikanischen Softwarefirma Textwise, Mark Weiner, sieht die Entwicklung dieser Intelligence-Produkte in der Tat »hauptsächlich von den Visionen der Geheimdienst-Community getrieben«. Er spricht aus eigener Erfahrung. Textwise hat – in jahrelanger enger Zusammenarbeit mit US-Nachrichtendiensten und finanziert vom Verteidigungsministerium – das Programm DR-Link geschaffen und setzt es nun als Teil anderer Softwareprodukte ein. DR-Link sucht nicht nur wortgenau, sondern auch thematisch. So versucht es zu unterscheiden, ob beispielsweise die »Bank« zum Sitzen oder das Geldinstitut gemeint ist, wenn dieses

Wort in einem Text auftaucht. Das sind wichtige Eigenschaften, um aus großen Textsammlungen wie etwa erlauschten Telefonaten und E-Mails alle Äußerungen zu filtern, die sich wahrscheinlich einem verdächtigen Thema widmen. Das Such- und Klassifizierungsprogrammm »Excalibur Retrieval Ware« der US-Firma Convera zerlegt Texte grammatisch und syntaktisch und versucht, ihre Bedeutung in so genannten semantischen Netzen abzulegen. Diese Konstrukte sind eine Erfindung der Künstliche-Intelligenz-Forschung. Zumindest in der Theorie kann man solchen Systemen auch mit diffus formulierten Suchanfragen gute Antworten entlocken, etwa der »nach großen Geldbeträgen, die letztes Jahr in den Irak überwiesen wurden«. Auf derartigen Such- und Analysefunktionen fußt eine weitere Gruppe von Programmen, die der optischen Darstellung der Ergebnisse dienen. »Spyr« heißt eines dieser Programme. Die Vereinigten Staaten setzten es in der experimentellen Version direkt nach dem Golfkrieg ein, um den irakischen Funkverkehr zu analysieren. Eine Firma namens Cartia brachte es dann als »Themescape« vor Jahren als kommerzielles Produkt heraus.[2] Themescape analysiert den Inhalt von Dokumenten und setzt sie in eine Art Landkarte um. Themenkomplexe erscheinen als Erhebungen; fährt man mit dem Mauszeiger darüber, wird die Zusammenfassung eines Dokuments angezeigt.

Rasterfahndung

In Deutschland versuchten Fahnder schon in den 70er Jahren, mit Hilfe der Rasterfahndung terroristische Gewalttäter aufzuspüren. Sie ist ein automatisierter Datenabgleich bestimmter Prüfungsmerkmale mit Datenbeständen, etwa von Stromversorgern, Universitäten oder Flughäfen. Damit wollen die Fahnder zum einen Personen ausschließen, auf die die Merkmale nicht passen, und so die Zahl der verdächtigen Personen durch das Herausfiltern derjenigen mit tätertypischen Merkmalen beschränken. Zum anderen kann die Rasterfahndung auch bedeutsame Prüfungsmerkmale feststellen. Die Rasterfahndung ist ein geistiges Kind des damaligen BKA-Chefs Horst Herold, genauso wie die beobachtende Fahndung und der Datenabgleich. Herold war in Nürnberg nacheinander Staatsanwalt, Richter, Leiter der Kriminalpolizei und Polizeipräsident gewesen. Als Polizeipräsident Nürnbergs führte er den »Kommissar Computer« als Mittel der Kriminalitätsbekämpfung ein. Dies überzeugte den damaligen Innenminister Hans-Dietrich Genscher so sehr, dass er Herold 1971 zum Leiter des Bundeskriminalamts berief. Er sorgte mit seinen Vorstellungen einer modernen Strafverfolgung dafür, dass die bei seinem Antritt personell und materiell dünn ausgestattete Zentraldienststelle zur damals modernsten Zentrale der Verbrechensbekämpfung wurde. Herold baute die zentrale Datenbank INPOL auf, in der alle relevanten kriminalpolizeilichen Daten der Bundesrepublik gesammelt und sekundenschnell abgerufen werden konnten. Herold war davon überzeugt, dass die Polizei auch die gesammelten polizeilichen Einzelerkenntnisse durchforsten müsse, um soziale Brennfelder, die über kurz oder lang kriminelle Vorhaben mit sich ziehen würden, frühzeitig erkennen zu können.

Als man 1977 das Versteck der Schleyer-Entführer fand, war dies nicht das Ergebnis der Rasterfahndung, doch hätte sie auch zum Ziel geführt: BKA-Chef Horst Herold hatte angenommen, dass die Täter sich nicht mehr als fünfzehn Kilometer vom Tatort in Köln entfernt hätten und sich noch auf derselben Rheinseite aufhalten müssten – in einem Hochhaus mit Tiefgarage, das sich in der Nähe einer Autobahnauffahrt befand. Herold lag mit seiner Vermutung richtig: Schleyer wurde in der Siedlung Zum Renngraben 8 in Erftstadt-Liblar gefangen gehalten. Tatsächlich gab ein Bürger der Polizei einen entsprechenden Hinweis, doch dieser ging auf bis heute nicht geklärte Weise auf dem Dienstweg verloren. Als einziger direkter Erfolg der Rasterfahndung in der Terrorismusbekämpfung gilt die Festnahme des RAF-Terroristen Rolf Heißler im Jahr 1979.[3] Die

Fahndung lief geradezu modelltypisch ab: Damals erhob die Polizei die Daten von Frankfurter Stromkunden, die ihre Rechnung bar bezahlten: Dies waren immerhin 16000. Nicht weiter berücksichtigt wurden diejenigen, die beim Einwohnermeldeamt verzeichnet waren, als Führerscheinbesitzer oder Fahrzeughalter registriert waren oder Kindergeld bezogen. Das Ergebnis des Datenabgleichs war für die Fahnder überschaubar: Es waren die Adressen der Wohnung eines Rauschgifthändlers sowie einer konspirativen RAF-Wohnung. Übrigens gaben die Stromversorger die Kundendaten damals freiwillig heraus. Nur im Falle der Hamburger Elektrizitätswerke war eine Beschlagnahme-Anordnung des Bundesgerichtshofs nötig. In der Drogenbekämpfung konnten die Rasterfahnder 1977 und 1978 ebenfalls einen Erfolg erzielen: Damals untersuchten sie die Daten der Fluggesellschaften nach allein reisenden Passagieren aus Asien, die sich nur kurz in Europa aufhielten. Auf diese Weise entdeckten sie 350 Rauschgiftkuriere und brachten so den Heroinimport aus China und Malaysia vorübergehend fast völlig zum Erliegen.[4]

Als in der Öffentlichkeit Bedenken geäußert wurden, dass private Institutionen ihre Daten für die Rasterfahndung einfach übermittelten, drohte BKA-Vizepräsident Ermisch damit, dass im Falle einer Verweigerung geprüft werden müsse, ob diese nicht den Straftatbestand der Strafvereitelung erfüllte. Angedroht wurde dies auch den öffentlichen Sozialversicherungsträgern. Zwischen Horst Herold und dem Datenschutzbeauftragten Hans Peter Bull entwickelte sich schnell eine heftige Kontroverse. Bull kam zu dem Ergebnis, dass für die BKA-Dateien die Rechtsgrundlage fehlte. Herold wurde vorgeworfen, er wolle den gläsernen Menschen schaffen und mit seiner Rasterfahndung den Weg in den Polizei- bzw. Überwachungsstaat bereiten. Die Argumente zeigten Wirkung: 1980 wurde der Datenbestand des BKA erheblich verschlankt. Eine seit den 70er Jahren bestehende Standleitung zwischen dem nachrichtendienstlichen und dem polizeilichen Informationssystem, also zwischen NADIS und INPOL, wurde gekappt. Seither wurde der Datenverkehr zwischen Polizei und Verfassungsschutz per Telex abgewickelt. Nachdem das Bundesinnenministerium das BKA nicht darüber unterrichtete, dass der Verfassungsschutz die Terroristen Christian Klar und Adelheid Schulz observiert hatte, ersuchte Herold aus gesundheitlichen Gründen um die Entbindung von seinem Amt. Ende März 1981 wurde er als BKA-Präsident von Heinrich Boge abgelöst.[5] Die Rasterfahndung wurde 1985 mit ihren Originaldefinitionen in die Strafprozessordnung aufgenommen. Legalisiert wurde der Datenabgleich jedoch erst 1992 durch den Paragraphen 98 a der Strafprozessordnung. Im Zusammenhang mit dem Volkszählungsurteil 1984 wurden Politik und Öffentlichkeit für die Belange des Datenschutzes sensibilisiert. Ab Mitte der 80er Jahre wurde die Rasterfahndung nicht mehr genutzt. Doch auch für die Polizei selbst ist die Rasterfahndung ein Mittel der letzten Wahl, da sie sehr aufwändig ist und viel Personal bindet. Erst ab den 90er Jahren wurden wieder vereinzelt Rasterfahndungen durchgeführt. Im Frühjahr 2001 etwa wurde in Brandenburg der Mörder der zwölfjährigen Ulrike gefasst. Im Kampf gegen die organisierte Kriminalität versagte indessen die Rasterfahndung in der Vergangenheit. So hatte etwa das bayrische Landeskriminalamt, das mit einer Rasterfahndung auf Mafia-Jagd ging, trotz klarem Täterprofil wenig Glück. Gesucht war die zweitwichtigste Führungsperson der Mafia, die sich an einem Wochenende im Januar 1993 in München aufhalten würde: Damals ermittelte das Einwohnermeldeamt München 161 männliche Einwohner italienischer Staatsangehörigkeit, die älter als 14 Jahre waren und als Geburtsort das sizilianische Catania hatten. 10 Personen wurden aus dem Datenbestand herausgenommen, da sie entweder zu alt oder aus anderen Gründen nicht als Kontaktpersonen der Mafia in Frage kamen. Die verbliebenen 151 Datensätze glich das LKA mit den Datenbeständen des polizeilichen Informationssystems INPOL ab. Übrig blieben 20 Personen. Darüber hinaus übergab das LKA die 151 Datensätze an die italienische Polizei. Sie konnte allerdings diese Personen keinem Mitglied der Mafia-Familie zuordnen. Das LKA verzichtete deshalb auf weitere Ermittlungen. Ein halbes Jahr später wurde der Mafia-Boss von der italienischen Polizei festgenommen.

Informationen klassischen Zuschnitts hatten sie auf die richtige Spur geführt.

Mit der bundesweiten Rasterfahndung gegen islamistische »Schläfer« nach den Anschlägen des 11. September 2001 erfasste das Bundeskriminalamt rund 20000 Datensätze. Ziel der Rasterfahndung war diesmal, weitere »Schläfer« zu identifizieren, um Anschläge verhindern zu können. Doch das für die Rasterung verwendete Profil war so unscharf, dass es aus den Datenbanken von Universitäten, Versorgungsunternehmen und Transportgesellschaften eigentlich nur »alle männlichen Studenten islamischen Glaubens« ermittelte. In einer zweiten Stufe wurden dann diese Studenten erneut untersucht, indem beispielsweise ihre Daten bei den Banken ins Visier genommen wurden. Rechtsanwalt Wilhelm Achelpöhler, der einen Studenten an der FH Münster vertrat, der gegen die Weitergabe seiner Daten Beschwerde eingelegt hatte, erklärte dies so: »Man guckt, ob es unregelmäßige Zahlungseingänge gibt oder nicht. Und wenn es die gibt, wird das als weiterer Beleg dafür genommen, dass man einer verdächtigen Gruppe angehört. Spätestens dann haben wir eine ganz erhebliche Beeinträchtigung der Grundrechte. Stellen Sie sich mal vor, Sie stehen bei Ihrer Bank und lösen einen Scheck ein und dieser Bank war gerade mitgeteilt worden, dass wegen der Suche nach terroristischen, islamistischen Gewalttätern die Daten Ihres Kontos abgefragt werden.«[6]

Eine Erfolgskontrolle der Rasterfahndung findet bis heute nicht statt. So ist es denn auch unter Experten umstritten, wie erfolgreich die Rasterfahndung eigentlich ist. Der Frankfurter Strafrechtsanwalt Walther Graf, der 1997 mit einer bundesweiten Evaluationsstudie zur »Rasterfahndung und organisierten Kriminalität«[7] promovierte, zeigt sich skeptisch: Bei der Fahndung nach einem »Schläfer« sei vor allem der »nicht verdächtige Bürger betroffen«. Und das sind etwa laut dem Düsseldorfer Rasterbeschluss alle männlichen, ausländischen Studenten im Alter zwischen 18 und 41. »Dieses geradezu absurde Täterprofil führt«, so Graf, »zu keiner Restmenge, die man als

Kriminalist noch abklären kann.« Nach Ansicht des Datenschützers Helmut Bäumler hätte bei den Personen, für die sich keine Treffer aus den Abgleichen beim BKA mit der Verbunddatei »Schläfer« ergeben haben, keine Anschlussermittlung durchgeführt werden dürfen. Die rechtlichen Voraussetzungen sind nicht erfüllt. Bäumler: »Denn die Tatsache, dass jemand ein bestimmtes Lebensalter hat, aus einem bestimmten Land kommt und islamischen Glaubens ist, bedeutet noch nicht, dass er auch schwere Straftaten begehen möchte.« Ende 2005 wird das Gesetz zur Einführung des automatisierten Datenabgleichs evaluiert. Spätestens dann muss die Frage geregelt werden, so Bäumler, in welchen Fällen nach einer Rasterfahndung konventionelle Ausschlussermittlungen durchgeführt werden dürfen. Die Rasterfahndungsmethode selbst wurde übrigens verfassungsrechtlich nie auf Herz und Nieren geprüft. Die Rasterfahndung nach den »Schläfern« führte anders als bei der RAF-Fahndung zu keinen direkten Ergebnissen. Ein Jahr nach Beginn der größten Rasterfahndung in Deutschland sagte Bayerns Innenminister Günther Beckstein bei einer Podiumsdiskussion, die Rasterfahndung sei in Bayern erfolgreich, weil man auf dem Flughafen München im Sicherheitsbereich zwei Mitarbeiter aus arabischen Ländern entdeckt habe. Der schleswig-holsteinische Landesdatenschützer Helmut Bäumler kommentierte dies so: »Wenn das alles ist, dann stellt sich allerdings die Frage, ob man dies nicht auch durch ein Telefonat mit dem Sicherheitsbeauftragten des Flughafens zum Ortstarif hätte herausfinden können.«[8] Fahndungserfolge führte die Polizei also eher indirekt auf die Rasterfahndung zurück. Denn wesentliche Fragen blieben nach dem Datenabgleich offen und erforderten intensive Ermittlungen: Welche Querverbindungen gibt es zwischen einzelnen Personen? Über welche Kommunikationsmittel werden sie gepflegt? Dafür nutzte die Polizei Software-Werkzeuge, die Verbindungen zwischen einzelnen Personen und Objekten darstellen können. Bislang verfügen nur wenige Landeskriminalämter wie Bayern oder Brandenburg über eine solch moderne Fahndungssoftware.

Datenbanken der EU

In Deutschland pries Bundesinnenminister Otto Schily die Rasterfahndung als »sehr erfolgsträchtiges« Instrument. Im Europäischen Rat setzte er sich dafür ein, sie europaweit einzuführen. Die Datenbasis für eine koordinierte gesamteuropäische Rasterfahndung wäre das Schengen-Informationssystem. Es geht auf die Vereinbarung zurück, die Deutschland, Frankreich und die Benelux-Staaten in der Stadt Schengen in Luxemburg 1985 trafen. Die Länder akzeptierten gegenseitig Visa und vereinbarten eine engere polizeiliche Zusammenarbeit. Außerdem bauten sie die nationalen Grenzkontrollen zwischen den Ländern ab, während die Kontrollen entlang der Außengrenzen verstärkt wurden. 1990 dann unterzeichneten sie das so genannte Schengen-Abkommen. Italien, Spanien, Portugal, Griechenland und Österreich folgten bald.[9] Mit dem Amsterdamer Vertrag wurde das Schengen-System 1999 in die EU-Strukturen integriert. Damit entfielen auch spezielle Schengen-Kontrollstrukturen, unter anderem für den Datenschutz. Da es seither keine jährlichen »Schengen-Berichte« mehr gibt, die Aufschluss über die Datenstruktur und die Verwendung geben würden, sind Beobachter darauf angewiesen, was die zuständigen Innenministerien von sich aus publizieren. Seit 1995 ist das Schengen-Informationssystem (SIS) in Betrieb. Es fungiert als Fahndungs-Informationssystem, das den zuständigen Behörden der Mitgliedstaaten Zugang zu Informationen über bestimmte Personengruppen, Gegenstände und Fahrzeuge ermöglicht. Die Mitgliedstaaten speisen das SIS über nationale Netze (N-SIS), die an ein zentrales System (C-SIS) angeschlossen sind. Es gibt über 30 000 Terminals. Ziel ist es, schwere und organisierte Kriminalität zu bekämpfen. Im Juni 2003 enthielt SIS über 10,8 Millionen Fahndungsdaten: Darunter knapp 10 Millionen Sachfahndungsdaten und etwa 900 000 Personenfahndungsdaten.[10] Deutschland stellt immerhin ein Drittel des Gesamtfahndungsbestandes. In der Mehrzahl handelt es sich um gestohlene Dokumente, etwa Pässe oder Führerscheine und gestohlene Fahrzeuge.

Früher konnten Autodiebe einfach über die Grenze gehen, um der Polizei zu entkommen, nun genügt eine einfache Abfrage im Computer. Bernard Kirch, Direktor der Straßburger Zentrale: »Wenn zum Beispiel französische Polizisten Daten über einen Autodieb in das System eingeben und dieser Dieb dann in Spanien während einer Autokontrolle auffällt, wissen die spanischen Polizisten, dass diese Person der Autodieb aus Frankreich ist.« Rund 35 000 Fälle konnten 2002 dank der SIS-Daten gelöst werden.[11] Rund 780 000 Mal wurde die Einreise verweigert, knapp 17 000 Personen wurden vorläufig verhaftet.[12] Rund 12 Prozent der Daten betreffen Personen. Darunter sind 80 Prozent Asylbewerber / -innen und bei illegalisiertem Grenzübertritt aufgegriffene Flüchtlinge. Gesuchte Straftäter und und Vermisste machen lediglich ein bis zwei Prozent aus. Aus diesen Zahlen lässt sich bereits erschließen, dass das ursprüngliche Ziel, die organisierte Kriminalität zu bekämpfen, verfehlt wurde. Die eigentlichen »Zielpersonen« sind demnach Nicht-EU-Bürger, Migranten und Flüchtlinge.

Mit dem Beitritt der zehn neuen EU-Länder muss auch das Schengen-Informationssystem technisch erneuert werden. Das neue Schengen-Informationssystem wird seit 2002 entwickelt. Ende 2006 soll es voll funktionsfähig sein. Der Rat will in dem System auch biometrische Daten wie Fingerabdruck oder Gesichts- und Iriserkennung speichern können. Auch wird diskutiert, »Personen zur Fahndung auszuschreiben, die im Rahmen bestimmter Veranstaltungen mit internationaler Dimension, insbesondere bei Demonstrationen im Rahmen europäischer Gipfel oder bei Sportveranstaltungen, potenziell gewalttätige Randalierer sind, die eine Gefahr für die öffentliche Ordnung darstellen.«[13] Noch streiten die Kommission und das Parlament darüber, wer das polizeiliche Fahndungssystem kontrollieren soll. Bisher untersteht die Straßburger Zentrale nämlich dem französischen Innenministerium. Europol und Eurojust dürfen künftig auf das System zugreifen, jedoch keine Daten in ihr eigenes System übernehmen.[14] Doch die größte Datenbank Europas ist auch für Sicherheits- und Nachrichtendienste und Asylbehörden attraktiv, nur ob sie auch Zugriff erhalten, ist noch nicht entschieden. Gleichwohl ist schon heute sicher, dass das neue System Personen- und Objektdaten miteinander verknüpfen können wird und so die europäische Rasterfahndung im Ansatz bereits ermöglichen wird.

Die Flugpassagierdaten-Affäre

Europäisch wird die Rasterfahndung erst diskutiert, transatlantisch findet sie bereits statt: In den USA bezieht sich eine neu entwickelte Rasterfahndung auf die Daten, die Reisende bei der Einreise in die USA mehr oder weniger unfreiwillig über ihre Fluggesellschaft preisgeben. Das neue Flugpassagier-Kontrollsystem soll innerhalb von fünf Sekunden aufgrund einer Analyse und Risikoabschätzung Terroristen identifizieren können. Da das System alle Einreisenden betrifft, sind auch Europäer in dem System gespeichert. Bereits seit März 2003 werden in ein Vorläufersystem die Flugpassagierdaten eingespeist. Beamte der EU-Kommission hatten dem Datenabruf mit den US-Zollbehörden zugestimmt. Für ein wirkliches Aushandeln blieb den Europäern jedoch wenig Spielraum. Denn verweigern die europäischen Fluggesellschaften den Datenabruf, droht ihnen per US-Gesetz der Entzug der Landerechte. Das europäische Parlament kritisierte die zuständige Kommission für die Erlaubnis umgehend und ungewöhnlich scharf. Es gäbe »Zweifel an der Rechtsgrundlage«. Auch seien die Daten kaum »wirklich angemessen geschützt«, sobald sie in amerikanische Datenbanken übertragen werden. Der Vize-Präsident des Europäischen Parlaments, Gerhard Schmid, bezeichnete das Vorgehen unverblümt als »ökonomische Erpressung unserer Fluglinien«. Der Parlamentspräsident Pat Cox räumte ein, dass die Europäische Union zwar die Freiheit der US-Regierung anerkenne, »ihr souveränes Recht zum Schutz ihres Landes auszuüben«. Doch sowohl die EU als auch die USA müssten diese »Entwicklung einer schleichenden Extraterritorialität« aufmerksam behandeln.

Was aber hatten die US-Zollbehörden gefordert? Sie verlangten zunächst den Abruf von 40 Datenfeldern. Zu den 40 Datensätzen gehörten neben dem Namen, Geburtsdatum, Anschrift und Telefonnummer des Reisenden auch die Namen seiner Mitreisenden und seines Reisebüros sowie des Reisebüro-Sachbearbeiters. Aber auch ganz persönliche Angaben fielen unter den Datenabruf, wie etwa der Wunsch nach besonderen Mahlzeiten. Betroffen waren und sind Deutsche Lufthansa, British Airways, Air France, Iberia, die niederländische KLM, Alitalia und Scandinavian Airlines – und mit ihnen jährlich bis zu 11 Millionen Fluggäste. Die Daten sollten zunächst mindestens sieben Jahre gespeichert werden. Nach Ablauf der sieben Jahre sollten die Daten weitere acht Jahre in einem so genannten »Deleted Record File« aufbewahrt werden. Ausgewertet werden die Daten in einem Flugpassagier-Kontrollsystem, das Passagiere in verschiedene Risikokategorien einstuft: »Grün« für »minimales Risiko«, »Gelb« für »erhöhte Sicherheitsmaßnahmen« und »Rot« für »Strafverfolgung alarmieren für etwaige Festnahme«. Das CAPPS II genannte System soll »innerhalb von fünf Sekunden eine Analyse und Risikoabschätzung erstellen und Terroristen identifizieren« können, teilte Steve McHale von der US-Transportsicherheitsbehörde mit. Dafür würden Passagierdaten mit dem »besten geheimdienstlichen US-Aufklärungsmaterial über Terroristen« abgeglichen.[15] Unschuldige Reisende wurden aufgrund dieser Flugverbotslisten bereits verhört. So etwa im August 2002 die zwei Friedensaktivisten Jan Adams and Rebecca Gordon, die am Flughafen von San Francisco festgehalten wurden, da sie aus bislang ungeklärten Gründen auf eine »No-Fly«-Liste gerieten. Nun führt die US-Bürgerrechtsorganisation »American Civil Liberties Union« Klage gegen das FBI, das Justizministerium und die Transportation Security Administration, um herauszufinden, wie die beiden auf die Terroristenliste geraten konnten. Im Oktober 2003 verweigerte der Grenzschutz einer Deutschen die Einreise in die USA, wo sie ihren

Verlobten besuchen wollte. Die Entscheidung beruhte unter anderem auf Daten des Internet-Buchhändlers Amazon. Die in Pakistan geborene Frau wurde bei der ersten Kontrolle festgenommen und sechs Stunden lang verhört. Dem Verlobten gegenüber begründeten die Grenzschützer das Verfahren damit, dass die Frau offensichtlich Bücher über Fremdsprachen mag. So hatte sie sich auf einer so genannten Wunschliste von Amazon.com registriert und insgesamt 247 Titel eingetragen. Sönke Hilbrans vom Vorstand der Deutschen Vereinigung für Datenschutz vermutet hinter dem Vorgang das US-Verdachtsgewinnungssystem zur Terrorismusbekämpfung. Das Datensammelsystem durchforstet auch öffentliche Daten nach Personeninformationen, um diese nach standardisierten Parametern aufzubereiten. Relevant mag der Hinweis der Frau auf der Amazon-Wunschliste über sich selbst gewesen sein: »lebte in Pakistan, Frankreich, London und den USA, heirate am 5. Juni 2004«.[16] Im Dezember 2003 wurde ein Fünfjähriger mit einem mutmaßlichen tunesischen Extremisten an Bord einer Air-France-Maschine verwechselt.

Bei dieser Häufung von sehr heterogenen Datenbeständen ist das Risiko von Verwechslungen groß. Zumal es keine zentrale Datenbank gibt. Stattdessen pflegte jede US-Behörde eigene Datenbanken. Das General Accounting Office (GAO), die Prüfbehörde des Kongresses, zählte 2003 zwölf Datenbanken der US-Regierung, in der Terrorverdächtige erfasst werden. Neun Regierungsstellen pflegen die Datenbanken, die unter drei verschiedenen Betriebssystemen laufen und Daten in inkompatiblen Formaten speichern. Acht Datenbanken verwenden firmenspezifische Standards, sieben sind nicht vernetzt. Der Geheimdienst CIA unterhält eine Datenbank, der U.S. Marshals Service und das Pentagon. Das Außenministerium, zuständig für Einreisevisa, hat zwei Datenbanken. Die Bundespolizei FBI hat drei, das Ministerium für Heimatschutz vier, darunter die »No-Fly«-Liste mit Personen, die nicht an Bord von Flugzeugen gelassen werden sollen. Die vielen Datenbanken mit ihren unterschiedlichen Zugriffsbefugnissen und Betriebssystemen führten in der Vergangenheit zu schweren Abgleichpannen: Zwei der Attentäter beim ersten Bombenanschlag auf das World Trade Center erhielten 1993 ein US-Visum, obwohl das FBI sie auf einer »Watch«-Liste führte. Neun Jahre später reisten zwei der Attentäter des 11. September legal ins Land ein, obwohl das FBI nach ihnen Ausschau hielt. Ihre Namen waren auf der Liste der Einreisebehörden nicht verzeichnet.[17] Rechtliche und bürokratische Hindernisse wie auch technische Schwierigkeiten verhinderten bislang die Einrichtung einer zentralen Kartei. Auch deutschen Behörden sind die Schwierigkeiten geläufig, die sich aufgrund unterschiedlicher Schreibweisen von arabischen Namen ergeben. Abweichende Geburtsdaten und die Verwendung von Aliasnamen tun ihr Übriges. Nachdem das GAO die schleppenden Standardisierungsversuche kritisierte, beschloss die Regierung erst im September 2003 die Einrichtung einer zentralen Informations-Sammelstelle, das so genannte Terrorist Screening Center (TSC). Das Zentrum erweitert seit Dezember 2003 die »Tipoff«-Liste des Außenministeriums um Informationen aus den elf anderen Datenbanken. In einer solchen Super-Datenbank werden dann auch Daten kommerzieller Firmen verwendet, deren Herkunft teilweise zweifelhaft ist. Der US-Datenkonzern Choicepoint etwa liefert regelmäßig Daten an das US-Justizministerium. In Mexiko ist die Firma höchst umstritten, da sie über Mittelsmänner das komplette mexikanische Wählerregister für 250 000 US-Dollar erworben hatte, um sie US-Behörden gegen Entgelt zur Verfügung zu stellen. Carsten Bange, Geschäftsführer des Würzburger »Business Application Research Center«, meint, dass eine gezielte Abfrage im Hinblick auf bestimmte Annahmen nicht nur für die Terrorbekämpfung, sondern auch für Wirtschaftsspionage relevante Daten herausfiltern könnte. Bucht etwa eine Firma über ein eigenes Reisebüro, können Personen dieser Firma zugeordnet werden. Konkurrieren mehrere Unternehmen um eine lukrative Regierungsausschreibung in einem bestimmten Land, können Flüge in dieses Land als Indikator für Vorverhandlungen gewertet werden. Ebenfalls denkbar sei es, Flüge von Firmenvertretern in ein

Embargoland als Indikator für Verhandlungen zu werten. Kritisch wird es auch, wenn die Flugpassagierdaten mittels der angegebenen Kreditkartennummer mit den Daten von Kreditkartenunternehmen verknüpft werden. Carsten Bange hält eine maschinelle Datenmustererkennung für solche Massendaten grundsätzlich für geeignet. Als »problematisch« sieht er jedoch »die wenigen relevanten Datensätze in diesen Massendaten«. Das Hauptproblem aber bestehe darin, dass man nicht weiß, welche Flugrouten und welches Reiseverhalten typisch für Terroristen sind. Nur auf einer solcher Datenbasis könne man aber ähnlich wie bei der Bonitätsprüfung in einer Bank die relevanten Felder und ihre Kombination untereinander herausfinden und eine Wahrscheinlichkeit dafür errechnen, dass jemand ein Terrorist sein könnte.

Nachdem der für auswärtige Angelegenheiten zuständige Kommissar Chris Patten angesichts der drohenden Landeverbote die rechtswidrige Vereinbarung im Februar 2003 getroffen hatte, wurde ihm die Zuständigkeit entzogen. EU-Kommissar Frits Bolkestein übernahm nach der Kritik des EU-Parlaments und der Datenschützer die Verhandlungen und warnte in einem Schreiben Tom Ridge, den Minister für das US-Ministerium für Homeland Security, vor »einer sehr belastenden transatlantischen Konfrontation ohne erkennbaren Ausweg«, falls die USA wesentliche Kritikpunkte wie die Zweckbindung, die Beschränkung auf Kerndaten und die Kontrolle durch unabhängige Dritte nicht berücksichtigten. Dem immanenten Vorwurf der USA, angesichts von Terrorgefahren Paragrafenreiterei zu betreiben, trat Bolkestein entschieden entgegen: Es gehe nicht nur darum, die Datenschutzrichtlinie anzuwenden, sondern um die Wahrung »fundamentaler Rechte und Freiheiten«. An diesen Freiheiten würde man in der Europäischen Union »entschlossen festhalten«, schrieb Bolkestein wörtlich. Am Ende jedoch stimmte die Europäische Kommission gemeinsam mit dem Rat der Außenminister gegen den Widerstand des Europaparlaments dem Abkommen mit den USA zur Übermittlung von Flugpassagierdaten im Mai 2004 zu.[18] Das Abkommen sieht datenschutzrechtliche Regelungen vor und gilt vorerst dreieinhalb Jahre. Es legt fest, dass die US-Zollbehörden maximal 34 Flugpassagierdaten-Kategorien erfassen dürfen, das sind beispielsweise die Flugroute, die Telefonnummer, die E-Mail-Adresse oder Kreditkartennummer aus den Buchungssystemen der Fluggesellschaften. Der Zugriff auf E-Mails oder Kontenbewegungen unterliegt den in den USA geltenden rechtlichen Voraussetzungen. Die US-Zollbehörde darf die Daten dreieinhalb Jahre speichern. Falls auf die Daten innerhalb der Frist manuell zugegriffen wurde, dürfen sie weitere acht Jahre gespeichert werden, bevor sie vernichtet werden. Die Fristen gelten nicht für Daten, die mit einem Ermittlungsverfahren verknüpft sind. Die Behörde darf die Daten an andere Behörden zur »Verhütung und Bekämpfung des Terrorismus und damit verknüpfter Straftaten« sowie »anderer schwerer, ihrem Wesen nach länderübergreifender Straftaten« übermitteln. Laut Abkommen will die Zollbehörde von der Übermittlung der Daten »umsichtig Gebrauch« machen. Das Abkommen sieht vor, dass die US-Zollbehörde gemeinsam mit der Europäischen Kommission »einmal pro Jahr oder häufiger« die Umsetzung überprüft. Bei einem drohenden Verstoß gegen das Abkommen dürfen die Europäer die Datenübermittlung aussetzen. Das Europäische Parlament zeigte sich über das ausgehandelte Abkommen dennoch wenig erfreut und beantragte kurz nach seiner Unterzeichnung die Annullierung des Flugpassagierdatenabkommens durch den Europäischen Gerichtshof. Auch klagt es gegen den Entscheid der Europäischen Kommission, wonach die übermittelten Flugpassagierdaten durch das Abkommen datenschutzrechtlich ausreichend geschützt sind. Grund: Es befürchtet, dass das Abkommen das im EU-Vertrag verankerte Grundrecht auf Privatsphäre verletze.

Das Filtern der Flugpassagierdaten findet inzwischen aber auch in der Europäischen Union Anhänger: Im Vertrag sicherte sich die EU eine Gegenseitigkeitsklausel zu: Falls sie selbst ein Passagier-Identifikationssystem einführen würde, das die Fluggesellschaften verpflichtet, den Behörden Zugang zu den Passagierdaten zu gestatten, würde die US-Zollbehörde die US-Fluggesellschaften »zur Zusammenarbeit anhalten«. Spanien hatte schon 2003 im EU-Rat einen entsprechenden Vorschlag eingebracht.

Die Spur des Geldes

Während die Rasterfahndung oder auch die Auswertung von Flugpassagierdaten ein mehr oder weniger breitmaschiges Netz über personenbezogene Daten wirft, ist dies beim Zahlungsverkehr anders. Dabei ist der Informationswert des Geldflusses ungleich aussagekräftiger: Geld fließt nämlich immer dann, wenn eine bestimmte Leistung erbracht wird. Für Staatsanwaltschaften ist die Spur des Geldes deshalb nicht selten der wertvollste Spur. Doch ausgerechnet bei der Verfolgung weltweiter Finanzströme wird der Arm des Gesetzes lahm: Banken- und Steuerparadiese wehren bis heute Aufklärungsarbeiten mit Verweis auf das Bankgeheimnis ab. »Kriminelle können durch Waffenschmuggel, Menschen- und Drogenhandel ebenso wie durch Finanzdelikte enorme Summen erwirtschaften«, weiß der Generalsekretär von Interpol, Ron Noble. Wird das Geld gewaschen, sieht es so aus, als würde es aus legalen Geschäften stammen. Inzwischen macht die Geldwäsche weltweit zwischen zwei und fünf Prozent des Bruttosozialprodukts aus, schätzt der Internationale Währungsfonds.

Für die ehemalige Ermittlungsrichterin im Fall Elf Aquitaine, Eva Joly, ist die Korruption der Eliten das Ergebnis einer ungebremsten Globalisierung und Deregulierung der Finanzplätze: Illegale Parteienfinanzierung in Deutschland, die Bilanzierungstricks des amerikanischen Energieriesen Enron, die Unterschlagungen in Milliardenhöhe beim französischen Ölgiganten Elf wurden durch Offshore-Bankenplätze, Derivatehandel und jede Art von spekulativem Markt begünstigt. Die Finanzwerte, die in den Steuer- und Bankenparadiesen gehortet werden, entsprechen in der Summe bereits dem Bruttoinlandsprodukt der Vereinigten Staaten. Das Investmenthaus

Merril Lynch schätzt, dass 54 Prozent der weltweit angelegten Vermögenswerte auf Konten der Bankenparadiese schlummern. Seit den 60er Jahren hat sich die Zahl der Zweigniederlassungen amerikanischer Banken in den Steuerparadiesen verzehnfacht.[19] Für Eva Joly zeigen diese Zahlen »überdeutlich, wie die Justiz vor den ökonomischen Kniffen versagt«.

»Die Bekämpfung der Geldwäsche war bisher wenig erfolgreich«, meint auch Ulrike Suendorf, die für das Bundeskriminalamt eine einschlägige Studie erarbeitet hat.[20] Sie fordert einen neuen Ansatz, dessen Ziel die Informationsgewinnung sein müsse, »um Strukturen von organisierten Straftätergruppen besser erkennen und die Tätergruppen anschließend zerstören zu können«. Ein Erfolg versprechender Ansatz läge darin, die Spur des Geldes zu verfolgen.

Doch dies ist gar nicht so einfach: Innerhalb eines Tages kann ein Wertpapierposten mit Hilfe des elektronischen Clearings mehrmals den Besitzer über die Kontinente hinweg wechseln. Für die globalen Geldströme gibt es in Europa drei Kristallisationspunkte: Das Brüsseler Unternehmen Euroclear sowie das Luxemburger Unternehmen Clearstream wickeln den Handel mit Aktien, Investmentanteilen, Goldzertifikaten und Bargeld ab. Die belgische Firma Swift[21] übermittelt die Order für Baranweisungen elektronisch für Tausende von Banken weltweit. In allen drei Unternehmen werden die Geschäftsvorgänge täglich gespeichert – aus Haftungsgründen. Die Dokumente wären für Finanzermittler eine reine Fundgrube. Sämtliche Skandale könnten ausgerollt werden – doch für die Staatsanwaltschaften ist dies bis heute kein gängiges Verfahren. Im Mai 2004 betrug das Kundenvermögen bei Clearstream unter Verwahrung 7,6 Billionen Euro. 7,7 Millionen internationale Transaktionen wickelte die Firma im selben Zeitraum ab. 19 Prozent beziehen sich auf Börsentransaktionen, 81 Prozent auf so genannte Over-the-Counter-Transaktionen, also auf den wenig regulierten Handel außerhalb der etablierten Börsen. Clearstream International entstand Anfang 2000 aus der Fusion von Cedel und Deutsche Börse Clearing. 2002 schloss die Deutsche Börse, eine Tochter der Deutschen

Bank, diese bislang größte Transaktion in der Geschichte der Wertpapierindustrie ab.

Vor dem elektronischen Clearing dauerten Transaktionen über mehrere Stationen Wochen, wenn nicht sogar Monate. Aktien mussten per Versand vom einen Depot ins nächste transferiert werden. Versand- und Versicherungskosten sowie Zinsverluste machten Käufe zudem teuer. Im Auftrag von 66 europäischen Finanzhäusern wurde deshalb 1970 das Clearinghaus Cedel gegründet. Aufgebaut wurde die Institution von Gérard Soisson, für die computertechnische Umsetzung sorgte Ernest Backes. Seither können die Wertpapiere im Depot bleiben, allein der Besitztitel verändert sich.

1983 wurde Backes entlassen, verfolgt jedoch über seine alten Kontakte die Weiterentwicklung des Hauses sehr aufmerksam. Sorgen macht ihm das von ihm entworfene System der »unsichtbaren« Konten. So darf etwa eine Bank in den internen Kontolisten, die allen Mitgliedsbanken von Cedel zur Verfügung stehen, nur seine Hauptkonten veröffentlichen. Nebenkonten, über die eine Bank intern das Geld an ihre Zweigstellen verteilt, müssen nicht veröffentlicht werden. Diese Konten sind für die anderen Cedel-Kunden nicht einsehbar. Nutzen lassen sich diese Konten auch für Geschäfte, die im Dunkeln bleiben sollen, meint Backes. Aufgefallen sei ihm dies jedoch erst, nachdem das System bereits etabliert war. Gérard Soisson wurde schließlich entmachtet und starb unter bis heute nicht vollständig aufgeklärten Umständen. Im Jahr 2001 veröffentlichte Backes gemeinsam mit dem französischen Journalisten Denis Robert 2001 in Frankreich das Buch »Revelation$«, das im vergangenen Jahr im Schweizer Pendo-Verlag auch auf Deutsch erschien.[22] In Frankreich löste das Buch einen Skandal aus. Backes behauptete darin, dass Tausende Konten nicht veröffentlicht wurden, über die sich unbemerkt auch Gelder waschen und verschieben ließen. Diese Konten seien das »schwarze Loch« der Weltwirtschaft. Co-Autor Denis Robert schildert, wie sich über die Konten die italienischen Geldwäscheskandale der 80er Jahre rekonstruieren ließen. Er beschreibt die Calvi-Affäre sowie die Aktivitäten der 1991 geschlossenen Bank BCCI, über die international Drogen- und Waffengeschäfte finanziert wurden. Selbst die Lösegeldzahlungen für die amerikanischen Geiseln in der US-Botschaft in Teheran liefen über das Clearinghaus. Die Aktion verlief so schnell, dass sich die Iraner gleich für dieses neuartige Dienstleistungsunternehmen interessierten. Auch die Transaktionen des französischen Elf-Konzerns und der russischen Menatep-Bank liefen über Cedel. Alle Kontobewegungen dokumentierte Cedel auf Mikrofiches, die immer wieder in Kopie ihren Weg zu Ernest Backes fanden. Zu den Inhabern dieser unveröffentlichten Konten gehörten laut Backes Niederlassungen großer Banken wie der Citibank, Chase Manhattan, der Banque Nationale de Paris und der Union de Banques Suisses in Steuerparadiesen, aber auch Großunternehmen wie Unilever oder Siemens. In einer Kontenliste aus dem Jahr 2000 besaß Siemens ein veröffentlichtes Konto, das der Deutschen Bank zugeordnet war. Drei Siemens-Konten in Deutschland und eines in Österreich waren dagegen nicht veröffentlicht. Außerdem tauchten Siemens-Konten im Zusammenhang mit Banken wie der japanischen Nomura-Bank oder der französischen Paribas-Bank auf sowie mit Brokerfirmen wie Merrill Lynch oder Lehman Brothers. Dies aber verstößt gegen einen Grundsatz des Clearinghauses, wonach nur Banken am Clearing beteiligt werden sollen. In Deutschland allerdings sah die Staatsanwaltschaft keinen Anlass zu ermitteln. Untersuchungen der Luxemburger Justiz gegen Clearstream wegen des Verdachts auf Geldwäsche liefen ins Leere.

Staatsanwaltschaften, die sich immer wieder erfolglos um die Kooperation luxemburgischer Behörden bemühten, fanden jedoch bei Backes ein offenes Ohr. Bei ihren komplizierten Ermittlungen unterstützte er sie mit seinen Mikrofiches. Doch bis heute hat weder in Luxemburg noch in Frankreich oder Deutschland eine Behörde seinen Vorschlag umgesetzt, die in den Mikrofiches gespeicherten Daten in einer Datenbank aufzuarbeiten, um die Skandale der Vergangenheit aufzuarbeiten. »Ich brauche nur 30 000 Euro, um die nötige Hardware anzuschaffen«, sagt Backes. Dafür aber fehlt es den

Behörden im Budget. Nach der Veröffentlichung des Buchs wurden Denis Robert und Ernest Backes nicht nur mit Lob überhäuft. Bis heute musste sich Denis Robert in rund 20 Gerichtsverfahren gegen Vorwürfe der Falschdarstellung und Verleumdung verteidigen. 19 hat er, wie er *Sicherheit heute* sagte, bislang gewonnen. Das letzte Verfahren endete im März jedoch mit einer Niederlage: Robert, sein Verleger sowie der Fernsehsender, der einen Beitrag von ihm gesendet hatte, müssen Clearstream nun Schadensersatz zahlen. Erst kürzlich berichtete ein ARD-Korrespondent in Brüssel in den »Tagesthemen« über die neueste Enthüllung von Ernest Backes – und kassierte seitens der Deutschen Bank prompt eine Verleumdungsklage.

Politischen Sprengstoff bieten die bei den Clearinghäusern gespeicherten Daten allemal. Denn es bleibt unbeantwortet, warum die europäische Justiz die Daten von Clearswift oder Euroclear nicht intensiver zur Aufklärung großer Korruptionsfälle nutzt. Nach Auskunft eines leitenden Staatsanwaltes kooperieren die Banken in der Regel, der Griff nach den Clearingdaten sei deshalb nicht nötig. Dennoch sind viele Fälle nach wie vor ungeklärt: Etwa, wer vor und nach dem 11. September 2001 riesige Spekulationsgewinne erzielte. Gerade Geheimdienste müssten den Clearinghäusern schon längst mit ausgeklügelten Abhörangriffen auf den Leib gerückt sein. Doch davon, und das liegt in der Natur solcher Operationen, erfährt die Öffentlichkeit natürlich nichts. Eva Joly bringt die Flüchtigkeit der globalen Finanzströme auf den Punkt, wenn sie sagt: »Wir können heute mit einem Mausklick unendliche Summen über Satellit von einem Nummernkonto in der Schweiz zu einer Bank nach Liechtenstein transferieren. In Sekundenschnelle sind die benötigten Gelder aus einem der Steuerparadiese in den Computern respektabler Banken der Londoner City gelandet.« Allerdings gelten die strafrechtlich relevanten Gesetze nur innerhalb nationaler Grenzen. Joly beklagt, dass »die Globalisierung die Finanzwelt verändert hat, ohne dass das Justizsystem ihr gefolgt wäre«.

Anti-Geldwäsche-Systeme

In Deutschland freundet man sich nur zögernd mit einer effektiveren Kontrolle an. Die Bundesanstalt für Finanzdienstleistungsaufsicht (BAFin) kann erst seit April 2002 direkt auf die Kontodaten der Banken zugreifen. Zu diesen Daten gehören, so legt es das Vierte Finanzmarktförderungsgesetz fest, die Kontonummer, der Tag der Einrichtung und Auflösung, Name und Geburtstag des Inhabers sowie eines Verfügungsberechtigten. Damit kann das BAFin selbst Listen mit Terrorismusverdächtigen abgleichen. Transaktionsdaten oder Kontostände kann allerdings weiterhin nur die Bank überprüfen. Die Banken greifen dafür auf IT-gestützte Systeme zurück. Denn die Anforderungen der BAFin sind für Handabgleiche oder selbst geschriebene Computer-Routinen zu anspruchsvoll. Bancotec-Vertriebsleiter Klaus Spiesshofer sagt denn auch: »Wer auf solche Systeme verzichtet, handelt eigentlich bereits fahrlässig.« Bei fahrlässigem Verhalten drohen dem Geldwäschebeauftragten einer Bank Sanktionen, bei einem Geldwäschefall sogar bis zu fünf Jahren Haft. Anbieter computergestützter Anti-Geldwäsche-Systeme, die verdächtige Transaktionen im automatischen Zahlungsverkehr aufspüren, erfreuen sich daher einer starken Nachfrage – und dies bei Investitionskosten bis zu einer halben Million Euro. So führte die Schweizer Großbank UBS eine Software der britischen Firma Searchspace ein, die auch bei der Bank von New York, Barclays und der Londoner Börse eingesetzt wird. Sie vergleicht das Verhalten eines Kunden mit früheren Kontobewegungen und zieht Vergleichsprofile heran. Stellt sie ein verdächtiges Verhalten fest, meldet sie es an den Geldwäschebeauftragten der Bank. Die Landesbank Baden-Württemberg hingegen setzt wie etwa die Deutsche Bank, die Hypo-Vereinsbank, die Bayrische Landesbank und die Stadtsparkasse München die von der Stuttgarter Firma Bancotec entwickelte Software »Smaragd« ein. Die Software wertet in einem Scoring-Verfahren sämtliche Kontobewegungen aus. Orientiert am einzelnen Konto, entdeckt sie sprunghafte Umsatzsteigerungen ohne offensichtlichen Grund oder Transaktionen, die nicht im Einklang mit den wirtschaftlichen Verhältnissen des Kunden stehen. 180 Kriterien für verdächtige Aktionen stellte die BAFin auf, rund 150 Kriterien prüft die Software. Hinzu kommen diverse Embargobestimmungen der UN-Finanzüberwachungsorganisation FATF oder die der US-Behörde OFAC (Office of Foreign Asset Control). Durchschnittlich schlägt das Programm bei einer von tausend Kontobewegungen Alarm, doch die Werte schwanken nach Bank und Kundengruppe sehr stark. Im Alarmfall müssen die Sachbearbeiter die Daten näher untersuchen. »In der Mehrzahl der Fälle stellt sich jedoch heraus, dass es sich um ein korrektes Verhalten handelt«, sagt Bancotec-Vertriebsleiter Klaus Spiesshofer. Denn viele falsche Treffer betreffen Namenslisten, die beispielsweise mit den verschiedenen Schreibweisen arabischer Namen Doppelnamen produzieren. Seit Juni 2003 sollen die Konten und Namen von Europäern auch den USA mitgeteilt werden, falls sie verdächtigt werden, im Zusammenhang mit Straftaten in den USA zu stehen. Dafür, dass dies, anders als bei den Flugpassagierdaten, auch umgekehrt gilt, sorgt der Vertrag zur Auslieferung und Rechtshilfe zwischen den EU-Mitgliedstaaten und den USA. Ähnlich wie bei den Flugpassagierdaten war aber auch hier die Kommunikation zwischen der Europäischen Kommission, die den Vertrag aushandelte, und den Mitgliedstaaten nicht optimal: Lediglich einen Monat vor Unterzeichnung stellte die Kommission den Entwurf überhaupt vor. Laut Vertrag soll ein Staat auf Ersuchen »rasch« nachprüfen, ob in seinem Hoheitsgebiet »Banken Aufschluss darüber geben können, ob eine bestimmte natürliche oder juristische Person, die einer Straftat verdächtigt wird, Inhaber eines oder mehrerer Bankkonten ist«. Die Rechtshilfe darf aus Gründen des Bankgeheimnisses nicht verweigert werden. In den USA, Großbritannien, Frankreich und Australien analysieren Spezialdienste die Finanznetzwerke, die untereinander sowie über Interpol Arbeitsbeziehungen pflegen. In den Datenbanken des US-amerikanischen Financial Crimes Enforcement Center (FINCEN) werden alle Kontenbewegungen über 10 000 Dollar registriert und bewertet. Doch Milliarden von Transaktionen sind nicht ohne weiteres per Knopfdruck auszuwerten. Die Experten müssen verdächtige Knoten aus dem Datengeflecht mittels Spezialroutinen mühsam herausfiltern, dabei auch Daten aus Beschlagnahmungen und Telefonüberwachungen integrieren. Immer noch als Herausforderung gilt das Ausmachen zeitlicher Zusammenhänge, so die FINCEN-Experten Henry Goldberg und Raphael Wong. Mit dem Zeitfaktor lassen sich Zusammenhänge erschließen, die bei herkömmlichen Datenanalysen leicht übersehen werden können. Erst im Sommer 2002 richtete das Bundeskriminalamt eine »Financial Investigation Unit« ein, die Verdachtsanzeigen aus den Ländern zentral erfasst. Mit einem selbst entwickelten Programm werten die Fahnder die Anzeigen sowie die Ergebnisse der eingeleiteten Verfahren aus. Voraussetzung für den erfolgreichen Einsatz gegen die Geldwäsche ist in der Tat der bankenübergreifende Ansatz. Doch ein durchgreifender Erfolg bleibt bisher aus: Die neueste Masche der Geldwäscher ist, auf andere Institutionen wie Versicherungen auszuweichen oder sich auf den reinen Warenaustausch zu konzentrieren.

Nach dem 11. September, so lobt Transparency-International-Direktor Peter Eigen, habe aber nicht nur die amerikanische Regierung die Schädlichkeit der Geldwäsche erkannt und sich bei der Task Force der OECD dafür eingesetzt, dass diese ihre Netze gegen Geldwäsche noch enger knüpft. Auch die internationale Zusammenarbeit zwischen den Gerichtsbehörden und der Polizei habe sich verbessert. Zudem habe die Europäische Union im November 2001 eine neue Geldwäsche-Richtlinie erlassen, die die Mitgliedstaaten dazu verpflichte, solche Geldwäsche zu bekämpfen, die in Zusammenhang mit einem schweren Verbrechen einschließlich der Korruption vorgenommen wird. Doch noch immer befinden sich von den sieben Steueroasen, die noch auf der Schwarzen Liste der Financial Action Task Force der OECD stehen, drei in Westeuropa: Andorra, Liechtenstein und Monaco. Wie groß die Widerstände gegen mehr Transparenz bei den Geldflüssen innerhalb der Europäischen Union sind, war erst in jüngster Zeit wieder zu beobachten: Die Union verhandelte über eine europaweite Zinsbesteuerung, die dazu führen soll, dass sich die Mitgliedstaaten ab 2005 gegenseitig über Zinserträge ihrer Bürger informieren. Der Versuch der Steuerhinterziehung würde so recht schnell auffliegen. Belgien, Luxemburg und Österreich machen bei diesem Informationsaustausch nicht mit, belasten jedoch die Zinserträge ausländischer Bürger mit einer Quellensteuer. Ausgerechnet in Luxemburg und Belgien residieren Clearstream, Euroclear und Swift, die Abwickler globaler Finanzströme.

Grundrecht Bankgeheimnis?

Der Verwaltungsjurist Rainer Pitschas von der Deutschen Hochschule für Verwaltungswissenschaften in Speyer hält die systematische Durchrasterung von Bankkonten, die mit dem Vierten Finanzmarktförderungsgesetz ermöglicht wird, für einen »flächendeckenden und permanenten Grundrechtsverstoß« und das Gesetz für verfassungswidrig. »Die Kriterien des BAFin sind zu schwammig und erfordern eine Eigeninterpretation der Kontrolleure«, kritisiert Pitschas. Die Banken würden damit zum Hilfssheriff für den Staat. Der Datenschützer Helmut Bäumler hingegen hält den Großen Lauschangriff und den damit verbundenen Einsatz polizeilicher Videokameras in Privaträumen für »viel gefährlicher« als die Überwachung von Finanzströmen. Immerhin übe Geld, anders als Telekommunikationsverbindungsdaten, direkt eine soziale Funktion aus. Oder anders gesagt: Im Vergleich zur Telekommunikation und ihren Datenspuren ist Geld Motiv und Mittel für viele Verbrechen. Warum aber zeigen sich Politiker ausgerechnet bei der Ermittlung der Geldflüsse so zögerlich? Angesichts der hier wohl nur schwer zu überwindenden Widerstände halten sie sich lieber an die Überwachungsmethoden, deren Einsatz sie mit einem kalkulierbaren Aufwand durchsetzen können. Der Bürger ist offenbar das schwächste, aber auch verletzlichste Glied.

Freiheit oder Sicherheit?

Maschinen aller Art protokollieren unseren Alltag im Detail, von Videokameras auf öffentlichen Plätzen bis hin zur minuziösen Aufzeichnung unseres Kommunikationsverhaltens. Führen aber diese Maschinen, die wie Prothesen des fürsorglichen Staats fungieren, nicht letztlich zu einer amputierten demokratischen Gesellschaft? Oder versuchen sie lediglich den Regelungsdefiziten unseres Gemeinwesens entgegenzusteuern? Muss nicht der Staat die Kontrolle des Gemeinwesens übernehmen, wenn seine Bürger nicht mehr in der Lage sind, ihr Umfeld zu gestalten und zu kontrollieren? Wenn Auseinandersetzungen über den gesellschaftlichen Konsens auf eine gefährliche, ja gewalttätige Weise geführt werden, ist es dann nicht Aufgabe des Staates disziplinierend einzugreifen? Wenn die Selbstkontrolle des Einzelnen wie der Gemeinschaft versagt, muss nicht der Staat Kontrollmechanismen durchsetzen? Und darf er dies etwa nicht auf die effizienteste Weise, die ihm mittels technologischer Entwicklungen gegeben ist? Verlängern Überwachungstechnologien nicht den Arm und schärfen sie nicht das Auge des Gesetzes? Da sie bestehende Gesetze durchsetzen helfen, warum sollten sie deshalb Bürgerrechte einschränken?

Auf dem Weg in die totalitäre Gesellschaft?

Spiros Simitis, Vorsitzender des Nationalen Ethikrates, beantwortet diese Fragen eindeutig. Er befürchtet mit dem Ruf nach einer Verschärfung der Gesetze und einem verstärkten Datenaustausch zwischen den Sicherheitsbehörden das Abdriften Deutschlands in eine »totalitäre Gesellschaft«: »Sie können nicht in einer demokratischen Gesellschaft den Knopf, so wie es jetzt in Deutschland und Europa versucht wird, immer nur weiterdrehen. Wenn man das tut, führt das dazu, ob man will oder nicht, dass man in einer totalitären Gesellschaft landet.« Für Simitis ist die Gesellschaft mittlerweile »am Grundbestand unserer verfassungsrechtlichen Vorgaben angelangt«. Den seit dem 11. September erhobenen Forderungen nach einem ungehinderten Informationsaustausch zwischen Geheimdiensten und Polizei setze das Bundesverfassungsgericht Grenzen, da es eine scharfe Trennung zwischen den Sicherheitsbehörden und den Daten, die diese erheben, verlangt. Fehlten diese Begrenzungen, drohe »grenzenlose Manipulation«. Regierung und Bundestag versäumten es immer häufiger, bei Gesetzesänderungen »den Bezug zur Verfassung herzustellen«.

Schränkt ein Staat Grundrechte ein, so die Annahme der gegenwärtigen Sicherheitspolitik, erhöht sich damit die Sicherheit. Doch stimmt die Gleichung »weniger Freiheit = mehr Sicherheit« überhaupt? Die in den Grundrechten verankerten Menschenrechte setzen dem Staat eine klare und unüberwindbare Grenze seiner Gewalt. Die Weimarer Republik hielt den Anfechtungen des menschenverachtenden Nationalsozialismus nicht stand, da in ihr die Grundrechte nur im Rahmen der Gesetze galten. Heute jedoch gelten in der Bundesrepublik Deutschland Gesetze nur dann, wenn sie den Grundrechten nicht widersprechen. Der allmächtige parlamentarische Gesetzgeber der Weimarer Republik wurde damit entmachtet. »Er ist nicht mehr allmächtig, sondern selber um des Menschen willen einem höheren Recht unterworfen«, sagt der Jurist Rudolf Wassermann.[1] Alle Machtträger stehen unter den Vorgaben des

Grundgesetzes. Mit seiner Rechtsprechungspraxis sorgt das Bundesverfassungsgericht dafür, dass die Grundrechte der Verfassung nicht nur dem Einzelnen als Abwehrrechte gegen den Staat dienen, sondern auch, so Wassermann, »als leitende Prinzipien die gesamte staatliche Ordnung durchdringen und gestalten«.

Der Datenschutz hat in der Bundesrepublik Deutschland seit 1983 den Status eines Grundrechts. Damals erkannte das Bundesverfassungsgericht in seinem Volkszählungsurteil das Recht auf informationelle Selbstbestimmung als Grundrecht an. Damals stellte das Gericht fest: »Wer unsicher ist, ob abweichende Verhaltensweisen jederzeit notiert und als Information dauerhaft gespeichert, verwendet oder weitergegeben werden, wird versuchen, nicht durch solche Verhaltensweisen aufzufallen. Wer damit rechnet, dass etwa die Teilnahme an einer Versammlung oder einer Bürgerinitiative behördlich registriert wird und dass ihm dadurch Risiken entstehen können, wird möglicherweise auf eine Ausübung seiner entsprechenden Grundrechte (Art. 8, 9 GG) verzichten. Dies würde nicht nur die individuellen Entfaltungschancen des Einzelnen beeinträchtigen, sondern auch das Gemeinwohl, weil Selbstbestimmung eine elementare Funktionsbedingung eines auf Handlungsfähigkeit und Mitwirkungsfähigkeit seiner Bürger begründeten freiheitlichen demokratischen Gemeinwesens ist.«

Datenschutzexperte Alexander Rossnagel, der seit Jahrzehnten die Debatte sehr aufmerksam verfolgt, meint, dass der Staat inzwischen über »eher zu viele als zu wenige rechtliche Überwachungsbefugnisse« verfügt. Besonders nach dem 11. September entschieden sich Politiker in der Abwägung zwischen Sicherheit und Freiheit für stärkere Eingriffe in das private Leben von Bürgerinnen und Bürgern. Die ehemalige Präsidentin des Bundesverfassungsgerichts, Jutta Limbach, warnte deshalb eindringlich: »Eine demokratische politische Kultur lebt von der Meinungsfreude und dem Engagement der Bürger. Diese dürften allmählich verloren gehen, wenn der Staat seine Bürger biometrisch vermisst, datenmäßig durchrastert und seine Lebensregungen elektronisch verfolgt.« Sicherheitspolitiker hingegen fürchten, dass das Vertrauen der Bürger dann verschwindet, wenn der Staat keine Sicherheit vor Gewalt und Verbrechen gewährleisten kann. Bundesinnenminister Otto Schily sieht deshalb die Sicherheit als »Grundbedingung für Freiheit«. Er beruft sich hierbei auf Adolf Arndt, der den Staat und die Polizei in der Pflicht sah, zur Freiheit im Sinne eines angstfreien Lebens beizutragen.[2] Rudolf Wassermann erinnert jedoch daran, dass die Bürger nicht wollen, »dass Freiheit und Sicherheit gegeneinander ausgespielt werden. Sie wollen beides genießen, und darauf haben sie einen Anspruch.« Der Verfassungsstaat müsse das Grundbedürfnis nach Sicherheit in der Ausübung der Freiheitsrechte sowie im Schutz vor Kriminalität austarieren und zu einer dauerhaften Synthese bringen.[3] Doch wie lässt sich diese Balance in der Praxis finden? Was bedeutet dies konkret für die Entwicklung von Überwachungstechniken einerseits und von informationstechnischen Schutzmöglichkeiten andererseits? Wie die Auseinandersetzungen um eine nationale Kryptopolitik zeigten, lässt sich nur mit einem pragmatischen Ansatz eine angemessene Antwort auf diese Fragen finden.

Streit um Verschlüsselung

In der Kryptopolitik geht es um die Frage, wer seine Informationen schützen kann und welche Instrumente er dazu benutzen darf. Dürfen Bürger und Unternehmen nur Verschlüsselungsprodukte benutzen, die Polizei und Geheimdienste knacken können? Oder dürfen sie ihre Daten so sichern, dass niemand an sie herankommt? In Deutschland darf jeder Produkte seiner Wahl benutzen. Der Staat fördert sogar aktiv die Entwicklung starker Verschlüsselungsprodukte. Doch in jüngster Zeit wurde die liberale Kryptopolitik der Bundesregierung immer mehr in Frage gestellt. So kritisierte der schleswig-holsteinische Innenminister und Vorsitzende der Innenminister-Konferenz (IMK), Klaus Buß, Anfang 2004, der Datenschutz habe ein zu hohes Gewicht und erschwere den Kampf gegen die Kinderpornografie erheblich. Die Polizei müsse »an die Daten rankommen, wenn ein konkreter Verdacht für eine Straftat vorliegt«. Sie brauche auch »Möglichkeiten, um Verschlüsselungstechniken zu knacken, mit denen sich Privatnutzer vor Ausspähungen schützen«.[4] Gerade die Frage, ob Nutzer ihre Daten verschlüsseln und so nicht nur dem Zugriff Unbefugter entziehen dürfen, führte Ende der 90er Jahre zu einer lebhaften, doch auch heftig geführten Auseinandersetzung zwischen Vertretern der deutschen Netzszene und staatlichen Stellen. Zunächst sahen die Verfechter cyberlibertärer Ideen in den 90er Jahren in dem Vorhaben der US-Regierung, die Entwicklung von Verschlüsselungstechniken zu reglementieren, einen Eingriff in das Grundrecht auf Meinungs- und Äußerungsfreiheit. Die Debatte entzündete sich damals an der Exporterlaubnis für die US-amerikanische Verschlüsselungssoftware Pretty Good Privacy, wurde jedoch vorwiegend in den USA geführt. In Deutschland gab es keine Regulierung, jeder durfte Verschlüsselungsprodukte frei verwenden. Nachdem der damalige Bundesinnenminister Manfred Kanther sich für die Hinterlegung kryptografischer Schlüssel ausgesprochen hatte, war die deutsche Szene deshalb höchst alarmiert. Mit zahlreichen Argumenten versuchte sie, den Nutzen einer solchen Regelung zu hinterfragen. Gehör fand sie zuletzt im Bundeswirtschaftsministerium mit dem Argument, dass eine solche Reglementierung langfristig der Wirtschaft schade. Denn diese könne sich nicht wirksam gegen die allseits betriebene Wirtschaftsspionage wehren. Dass zur gleichen Zeit mit der Debatte auch das Ausmaß des von den angelsächsischen Staaten betriebenen Abhörsystems Echelon bekannt wurde, stärkte die liberale Position in Deutschland erheblich. Dies führte letztlich dazu, dass sich die Bundesregierung 1999 in ihren »Eckpunkten« zur Kryptopolitik offensiv der Entwicklung freier, unreglementierter Verschlüsselungssoftware verschrieb – und damit im Verbund mit Kanada und Frankreich den transatlantischen Bündnispartner in Nöte brachte. Die Bundesregierung bekannte sich zur »freien Verfügbarkeit von

Verschlüsselungsprodukten in Deutschland« und »für am Markt entwickelte offene Standards und interoperable Systeme«. Die Entscheidung, die Weiterentwicklung einer Open-Source-Variante von Pretty Good Privacy staatlich zu fördern, zwang die USA schließlich zu einer vorläufigen Abkehr von ihrer restriktiven Kryptopolitik.[5]

Doch inzwischen rütteln Politiker und Strafverfolger erneut an dem damals mühsam erkämpften Kompromiss. Im Rahmen der anstehenden Reform der Telekommunikationsüberwachung diskutieren derzeit SPD und Bündnisgrüne, ob ein Verfahren zur Hinterlegung von Schlüsseln ein möglicher Weg der Strafverfolgung sein kann. Einschränkend hieß es nämlich in den Eckpunkten zur liberalen Kryptopolitik von 1999 auch: Durch die Verbreitung starker Verschlüsselungsverfahren dürfen die gesetzlichen Befugnisse der Strafverfolgungs- und Sicherheitsbehörden zur Telekommunikationsüberwachung nicht ausgehöhlt werden. Die Bundesregierung setzt sich daher auch für die Verbesserung der technischen Kompetenzen der Strafverfolgungs- und Sicherheitsbehörden ein.[6] Hierfür erstellte der Rechtsausschuss der Koalitionsfraktionen gemeinsam mit dem Bundesjustizministerium für interne Diskussionszwecke eine Materialsammlung, die sämtliche kritischen Fragen aufgriff. Darin heißt es: »Wir lehnen jegliche Verbote auf dem Gebiet der Kryptotechniken ab.« Außerdem erteilte der Ausschuss einen Prüfauftrag an das Ministerium, der so vor fünf Jahren noch völlig undenkbar gewesen wäre: »Wir bitten zu prüfen, ob es Sinn macht, bei schwersten Verbrechen Kryptoschlüssel für die Strafverfolgungsbehörden zum Beispiel beim Bundesdatenschutzbeauftragten oder anderen Datenschutzbeauftragten zu hinterlegen.« Dieser Satz wurde ausgerechnet von der bündnisgrünen Fraktion ins Papier diktiert, die 1999 noch maßgeblich zur Beibehaltung der liberalen Haltung beigetragen hatte. Damals war allen Verfechtern einer liberalen Kryptopolitik klar: Jede Art von Schlüsselhinterlegung kompromittiert den eigentlichen Zweck der Verschlüsselung: die Vertraulichkeit. Denn sobald Schlüssel zentral hinterlegt werden, werden diese

Speicherstellen zu Angriffszielen unterschiedlichster Interessengruppen.

Angriff auf Anonymität

Kryptografische Methoden können nicht nur eingesetzt werden, um E-Mails oder Dateien zu verschlüsseln. Mit ihrer Hilfe können sich Nutzer im Internet auch anonym oder pseudonym bewegen. Die Entwicklung so genannter »Privacy-enhanced-Techniken«, die die informationelle Selbstbestimmung technisch umsetzen, ist aber ebenfalls umstritten.[7] Für Kritiker wie Herbert Fiedler ist die Idee des Datenschutzvisionärs David Chaum, eine nicht zurückverfolgbare E-Mail zu entwickeln, gleichbedeutend mit einer nicht zurückverfolgbaren Erpressermail.[8] Anonymität und Pseudonymität entspringen jedoch keineswegs, wie hier unterstellt, nur den Bedürfnissen zwielichtiger Gestalten, sondern sind im deutschen Recht verankert.

Im deutschen Teledienstedatenschutzgesetz gibt es mehrere Vorgaben zur Anonymität der Nutzer: Teledienste sind technisch so zu gestalten und auszuwählen, dass »keine oder so wenige personenbezogene Daten wie möglich« erhoben, verarbeitet und genutzt werden. Möglichst wenige Daten sollen überhaupt anfallen, um später ausgewertet werden zu können. Falls es »technisch möglich und zumutbar« ist, muss der Anbieter es den Nutzern ermöglichen, Dienste anonym oder pseudonym zu bezahlen. Außerdem müssen die anfallenden personenbezogenen Daten darüber, wie der Dienst genutzt wurde, »unmittelbar nach deren Beendigung gelöscht werden«. Falls die Daten zu Abrechnungszwecken benötigt werden, dürfen sie jedoch so lange wie es erforderlich ist gespeichert werden. Allein für Inhalteanbieter sieht das Teledienstegesetz eine Impressumspflicht vor. Denn nur so können Verbraucher und Nutzer feststellen, mit wem sie überhaupt Geschäfte abschließen. Grundsätzlich sollen also

Nutzer sich im Netz möglichst so bewegen können, wie sie sich auch in ihrem nicht digitalen Alltag bewegen.

Beispielhaft für die Auseinandersetzungen zwischen Strafverfolgern und Datenschützern um das Recht auf informationelle Selbstbestimmung ist der Anonymisierungsdienst AN.ON[9] an der Technischen Universität Dresden (TU). Mit Hilfe von AN.ON kann sich weltweit jeder Internetnutzer anonym im Netz bewegen. Journalisten etwa nutzen den Dienst, um unerkannt auf Websites zu recherchieren. Die Medizinische Universität Lübeck lässt von der TU Dresden einen Server betreiben, der den vertraulichen Besuch der Beratungsstelle Ecstasy Online unterstützt. In New York hat Mark Waldman am Computer Science Department der New York University im Rahmen des Anti-Zensur-Projekts Tangler einen Server mit AN.ON-Technik aufgesetzt. Der Anonymisierungsdienst hat unter anderem auch Nutzer aus Staaten wie Saudi-Arabien, die den Zugang ihrer Bürger zum Internet stark reglementieren. Das Projekt rief aber von Anfang an den Argwohn und die Skepsis vieler Mitarbeiter von Sicherheitsapparaten im In- und Ausland hervor. Nicht nur wurde das Projekt AN.ON in polizeilichen Publikationen angegriffen, die Polizei lud auch einzelne Mitarbeiter der TU Dresden zur Vernehmung vor. Schließlich unternahm im Sommer 2003 das Bundeskriminalamt (BKA) einen Vorstoß, den Dienst für Strafverfolgungszwecke einzuspannen, der jedoch, so viel sei schon verraten, nicht funktionierte. Das Amt erwirkte zunächst einen richterlichen Beschluss gegen die Betreiber von AN.ON, nämlich das Unabhängige Landeszentrum für Datenschutz Schleswig-Holstein (ULD) und die Technische Universität Dresden, um die Besucher einer kinderpornographischen Website zu protokollieren. Das BKA berief sich auf die Paragraphen 100 g und h der Strafprozessordnung (StPO), die sich jedoch nur auf die Herausgabe von Telekommunikationsverbindungsdaten beziehen, die bereits erhoben und gespeichert werden. Solche Daten erhebt der Anonymisierungsdienst allerdings gar nicht. Helmut Bäumler war deshalb von Anfang an davon überzeugt, dass »der Beschluss keine Rechtsgrundlage hat und offenkundig rechtswidrig ist«. Als Mitbetreiber von AN.ON legte er deshalb gegen den Beschluss beim Landgericht Frankfurt/Main Beschwerde ein.

Zuvor galt AN.ON, bekannt auch unter dem Programmnamen JAP, weltweit als einer der zuverlässigsten Anonymisierungsdienste. Er verschlüsselt über eine Reihe von Servern die Ausgangsdaten der Nutzer so, dass sie beim Zielserver nicht mehr identifiziert werden können. Netzpolitisch war der Fall äußerst brisant: Hätte der vom BKA erwirkte richterliche Beschluss Bestand, könnten Nutzer auch wegen anderer Straftaten von »erheblicher Bedeutung« identifiziert werden. So etwa das planmäßige Beschaffen illegaler Musikkopien oder das gewohnheitsmäßige Ausplaudern von geschäftsschädigenden Firmeninterna auf Websites wie »Dotcomtod«.

Die AN.ON-Entwickler entwickelten in kürzester Zeit eine neue Funktion, die Besucher einer bestimmten Website protokolliert, jedoch keine rückwirkende Überwachung ermöglicht. Sie wussten jedoch nicht, wie sie mit dieser Situation umgehen sollten: Sollten sie ihre Nutzer über die neue Funktion aufklären? In diesem Fall hätte dies ihnen den Vorwurf der Strafvereitelung eingebracht. Oder hätten sie die neue Funktion verschweigen sollen und damit das Vertrauen ihrer Nutzer enttäuschen? Einen Ausweg sahen die Entwickler darin, die Änderung im Quellcode zu dokumentieren. Schließlich handelt es sich bei AN.ON um ein Open-Source-Projekt. Die neue Funktion bezeichneten die Entwickler im Quellcode vielsagend als »Crime Detection«. Doch der Schuss ging nach hinten los: Aufmerksame Nutzer entdeckten die Neuerung rasch und zettelten in einschlägigen Newsgroups hitzige Debatten an: Hatte AN.ON hinter dem Rücken seiner Nutzer eine Überwachungsschnittstelle für Polizei und Geheimdienste eingebaut und damit den Dienst kompromittiert?

»Der Fall zeigt, wie schwierig es ist, eine Balance zwischen Strafverfolgern und ihren Überwachungswünschen sowie dem Recht auf Anonymität herzustellen«, sagte Andreas Pfitzmann – als Informatik-Professor an der TU Dresden ist er der Vater des JAP-Projekts.

Ihm sei es im Fall der Kinderpornographie aber »einfach klar« gewesen, »dass wir helfen müssen«. Bei minder schweren Vergehen wäre eine so schnelle Kooperation aus seiner persönlichen Sicht keineswegs selbstverständlich gewesen. Und mit einem Seitenhieb auf das Amtsgericht fügt Pfitzmann hinzu: »Auch wir als Betreiber machen uns einen Kopf über Wertmaßstäbe und können – genau wie ein Gericht – einen Vorgang gegebenenfalls ziemlich lange verschleppen.«

In der Tat funktioniert die Überwachung einer bestimmten Reihe verschlüsselnder Server, einer so genannten Kaskade, nur, wenn alle Server die entsprechende Funktion in ihren Programmcode aufnehmen. Das »studentische projekt linux netz« SPLINE[10] des Fachbereichs Informatik an der Freien Universität Berlin beschloss, die Überwachungsfunktion in seiner JAP-Serversoftware nicht zu übernehmen. Denn von der Anordnung war SPLINE als rechtlich unabhängiger Betreiber nicht betroffen.

Nach sechs Wochen Bedenkzeit ordnete das Landgericht Frankfurt/Main an, die Vollziehung des richterlichen Beschlusses gegen die AN.ON-Projektpartner auszusetzen.[11] In der Zwischenzeit hatten die Mitarbeiter als Ergebnis der mehrwöchigen Fangschaltung einen einzigen Datensatz aufgezeichnet. Daraufhin erwirkte das BKA beim Amtsgericht Frankfurt/Main einen richterlichen Durchsuchungsbeschluss gegen AN.ON, um für polizeiliche Ermittlungen diesen einen Protokolldatensatz aufzufinden. Stefan Köpsell, Programmentwickler und technischer Administrator des AN.ON-Projekts, zeigte sich überrascht: »Wir hatten bereits mitgeteilt, dass wir über einen Datensatz verfügen, und damit war klar, dass wir nichts verschleiern wollten.« Das BKA habe wohl befürchtet, die Richter würden eine Verwendung des Datensatzes untersagen, und habe wohl vollendete Tatsachen schaffen wollen.

Die Betreiber von AN.ON hielten auch diesen Durchsuchungsbeschluss für rechtswidrig, da das Landgericht bereits den Protokollierungsbeschluss des Amtsgerichts ausgesetzt hatte. Insofern hätten sie auch bis zur Entscheidung in der Hauptsache den Protokolldatensatz nicht herausgeben müssen. Das BKA umgehe »rechtsmissbräuchlich« die Entscheidung des Landgerichts, indem es hier auf allgemeine Herausgabe- und Beschlagnahmebestimmungen (§§ 103, 105 StPO) ausweiche, hieß es in der von ihnen herausgegebenen Pressemitteilung. Schließlich gab ihnen das Landgericht Frankfurt / Main auch in dieser Frage Recht.[12]

Die AN.ON-Betreiber sahen die Gerichtsentscheide zu ihren Gunsten als Bestätigung dafür, dass sich der Anonymisierungsdienst »vollständig auf dem Boden des Rechts bewegt«. Sie forderten das BKA und die Staatsanwaltschaft Frankfurt am Main auf, den beschlagnahmten Protokolldatensatz zurückzugeben und seine Löschung in den polizeilichen Datensammlungen zu bestätigen. Sie baten auch den zuständigen Bundesdatenschutzbeauftragten sowie den Hessischen Datenschutzbeauftragten, die Löschung der Daten zu überprüfen. Falls die Strafverfolger doch noch an die Daten wollen, können sie dies nur auf Grundlage des Paragraphen 100 a und b der Strafprozessordnung.

Der Fall AN.ON ist ein Beispiel dafür, wie grundsätzlich verschiedene Interessen, die der Strafverfolgung und die des Datenschutzes, aneinander geraten können. Es ist auch ein Beispiel dafür, dass entschlossenes Handeln den Schutz von Daten bewahren kann – vorläufig zumindest.

Anonymes Telefonieren

Eine ähnliche Auseinandersetzung spielt sich seit Jahren rund um das anonyme Telefonieren ab. Hier lautet die Forderung der Innenpolitiker, dass Telekommunikations- und Internet-Provider neben den Verbindungsdaten auch Kundendaten über einen längeren Zeitraum speichern sollen. So erfassen die Telekommunikationsbetreiber zwar bei jedem Telefongespräch lückenlos die Telekommunikationsverbindungsdaten, doch die Anrufer sind bei Telefonzellen und bei Handys unter Umständen nicht bekannt. Anschlussinhaber einer Telefonzelle ist die Telefonfirma. Bei einem Handy mit Guthabenkarte durfte die Telefonfirma eine Zeit lang den Handybesitzer gar nicht erfassen.

2003 hatte das Bundesverwaltungsgericht nach einem jahrelangen Rechtsstreit in letzter Instanz entschieden, dass Mobilfunkanbieter keine Kundendatei für die Käufer so genannter Prepaid-Handys führen müssen.[13] Demnach durften die Käufer von Prepaid-Karten eine Guthabenkarte nutzen, ohne dass ihre persönlichen Daten bei den Anbietern gespeichert und an Behörden weitergegeben wurden. Immerhin rund die Hälfte aller Handybesitzer nutzt diese Guthabenkarten. Eine Verpflichtung der Betreiber, auch für sie eine Kundendatei zu führen, verstieß nach Auffassung des Gerichts gegen das in der Verfassung garantierte Recht des Kunden auf informationelle Selbstbestimmung. Laut Urteil basieren die Leitlinien der Regulierungsbehörde für Telekommunikation und Post zu Prepaid-Produkten nicht auf dem Telekommunikationsgesetz. Dieses schreibt vor, dass die Betreiber zur Führung von Kundendateien verpflichtet sind, um gegenüber Behörden wie dem Verfassungsschutz Auskünfte geben zu können. Nach Auffassung der Regulierungsbehörde ergab sich daraus die Verpflichtung auch für die Prepaid-Produkte. Hintergrund dieser Regelung war die Annahme der Strafverfolgungsbehörden, dass sich Kriminelle solcher Prepaid-Handys bedienten. Daher sei es notwendig, Informationen über diejenigen zu erhalten, die Prepaid-Handys nutzen. Grundsätzlich müsse es auch für den Bereich des Mobilfunks die Möglichkeit einer anonymen Nutzung geben, hielten jedoch die Datenschützer dieser Auffassung entgegen.

Mit der Novelle des Telekommunikationsgesetzes wurde diese Lücke jedoch im Frühjahr 2004 wieder geschlossen: Sie sieht eine Identifikationspflicht beim Kauf von Prepaid-Handys vor. Allerdings sind gebrauchte Handys und Prepaid-Karten nach wie vor erhältlich, ohne dass die Verkäufer die Personendaten des Käufers aufnehmen müssten. Bei Online-Auktionshäusern wie Ebay herrscht auf dem Markt für vertragslose Handys ein reger Handel.

Die gesetzlichen Vorgaben erreichen damit wiederum nur die gesetzestreuen Bürger. Diejenigen, die etwas verbergen möchten, können dies völlig legal mit einem geringen organisatorischen Mehraufwand auch tun.

Zurück in die Zivilgesellschaft

Das Grundrecht auf informationelle Selbstbestimmung muss sorgfältig gegen die Sicherheits- und Schutzbedürfnisse des Staates abgewogen werden. Doch wie kann eine sorgfältige Abwägung stattfinden? Wie können Sicherheitspolitiker zu einer tragfähigen Entscheidung kommen? Bürger dies- und jenseits des Atlantiks erleben die Sicherheitspolitik seit dem 11. September eher als atemloses Aneinanderreihen von Entscheidungen, die ihre Freiheitsrechte einschränken, denn als fundierte Beschlüsse, die ihre demokratische Freiheit verteidigen und tatsächlich zu mehr Sicherheit verhelfen.

Telekommunikation und Internet werden international überwacht, mit Hilfe technischer Standards, die Experten in klandestinen Zirkeln erarbeitet haben. Die Rasterfahndung soll als erfolgreiches Fahndungsinstrument in ganz Europa Anwendung finden. Ein- und Ausreise werden künftig mit Hilfe von biometrischen Verfahren kontrolliert, obgleich sie keineswegs ausgereift sind. Wie die Flugpassagierdatenaffäre zeigte, haben Bürger nur geringe Möglichkeiten, die Verwendung ihrer Daten im Ausland zu kontrollieren. Doch werden all diese Maßnahmen auch auf ihre Effizienz hin überprüft? Wer kontrolliert, ob sie tatsächlich wirksam sind? Wer berichtet nicht nur über Erfolge, sondern auch über Fehlschläge?

Es kann nicht darum gehen, immer mehr Daten über meist unschuldige Bürger zu sammeln, sondern allenfalls darum, die vorliegenden Daten richtig miteinander zu verbinden. Zweifellos können terroristische Gefahren nur dann wirksam abgewehrt werden, wenn lokal erhobene Informationen mit zentralen Daten rechtzeitig verbunden werden. Doch allein umfassende Computersysteme werden dies nicht leisten, eine zentrale Einrichtung wird dem Problem nicht gerecht werden können. Experten unterschiedlicher Organisationen können nur dann die richtigen Puzzlestückchen zueinander legen, wenn sie sich auf Arbeitsebene schnell und flexibel austauschen können, um mit flexibel und dynamisch agierenden, dezentral organisierten Bedrohungen fertig zu werden.

Dasselbe Prinzip gilt auch für die Prävention von Gewalt und Terror auf gesamtgesellschaftlicher Ebene. Demokratische Gesellschaften müssen Wege finden, Anschläge präventiv abzuwehren, ohne die Grundrechte ihrer Bürger zu beschneiden. Dem »Netzwerk des Terrors ein Netzwerk der Information entgegenzustellen«, wie es der Präsident des Bundeskriminalamtes (BKA), Jörg Ziercke, fordert, ist der richtige Ansatz. Allein aber ein gemeinsames Lagezentrum von Polizei und Geheimdiensten einzurichten, greift zu kurz. Die vom Gedanken der Prävention geprägte Sicherheitspolitik muss ergänzt werden durch eine »präventive Demokratie«, wie sie Benjamin Barber einfordert. Sie muss scharfe Fahndungsinstrumente dort einsetzen, wo sie etwa wie bei der Analyse von Geldströmen rasch zum Ziel führen. Und sie muss Methoden vermeiden, die wie eine ausufernde Telekommunikationsüberwachung zur Verunsicherung der Bürger oder unscharf definierte Rasterfahndung zur Diskriminierung religiöser Minderheiten, wie der Muslime, führen. Sie muss zivilgesellschaftliches Engagement fördern und den Dialog zwischen den Kulturen und Religionen einüben. So sollte ein Frühwarnsystem nicht nur mögliche Anschläge auf die demokratische Gesellschaft, sondern auch mögliche Gefährdungen der Demokratie durch allzu forsche Befugniserweiterungen staatlicher Behörden sorgfältig registrieren. Denn letztlich kann die durch Gewalt und Terror erzeugte Verunsicherung der Bevölkerung nur von unten durch ein lebendiges Miteinander verschiedener gesellschaftlicher Gruppen überwunden werden.

Anmerkungen

Politik der Angst

1 Bar-On und Becker zit. aus Online-Panel-Diskussion der Bundeszentrale für politische Bildung zum Thema »Kollektive Traumatisierung durch terroristische Gewalt« vom 5. bis 9. Mai 2003, http://forum.bpb.de

2 Benjamin Barber, *Imperium der Angst, die USA und die Neuordnung der Welt*, München 2003

3 Hans Küng, »Weltpolitik und Weltethos, Zum neuen Paradigma internationaler Beziehungen«, 9. Bundeskongress für politische Bildung »Dialog der Kulturen«, Braunschweig, 06.03.2003, http://www.bpb.de/files/JO3369.pdf

4 Simon Heusser, »Alle gegen alle«, *Weltwoche* 27/04

5 Abk. für »Uniting and Strengthening America by Providing Appropriate Tools Required to Intercept and Obstruct Terrorism«

6 Zit. aus Online-Panel-Diskussion der Bundeszentrale für politische Bildung zum Thema »Kollektive Traumatisierung durch terroristische Gewalt« vom 5. bis 9. Mai 2003, http://forum.bpb.de

7 Bruce Schneier, *Crypto-Gram-Newsletter* vom 15.01.2004

8 »Remarks by Al Gore«, *Freedom and Security*, 09.11.2003, http://www.acslaw.org/goretext.pdf

9 »Declassify the 9/11 Report«, Editorial der *Los Angeles Times*, 21.05.2003

10 »Protecting America's Freedom in the Information Age«, *Markle Foundation*, Oktober 2002, S. 28, http://www.markle.org/news/NSTF_Part_1.pdf

11 Vgl. Gerald Posner, *Why America Slept: The Failure to Prevent 9/11*, Random House 2003

12 Zit. nach Christiane Schulzki-Haddouti, »Geheimdienste und der Anschlag vom 11. September, ›Absolut inkompetent‹«, *telepolis*, 09.10.2001, http://www.heise.de/tp/deutsch/inhalt/te/9762/1.html

13 Vgl. Bundesverwaltungsamt, Zentralstelle für Zivilschutz, »Erfahrungen bei der Abwehr der Jahrhundertflut 2002 in Deutschland«, http://www.bzs.bund.de/semi2003/auswertung_hw/vortrag_sachsen.pdf

14 In seinem Entwurf über eine Dachvereinbarung geht das Bundesinnenministerium vom Aufbau und von Inbetriebnahme eines auf bundeseinheitlichem Standard basierenden digitalen Sprech- und Datenfunksystems bis spätestens 31.12.2010 aus. In den Änderungsvorschlägen aus dem Saarland zur Dachvereinbarung wird der 31.12.2015 als Endtermin genannt. Vgl. Horst Müller, »Bundeseinheitlicher Digitalfunk in weiter Ferne«, *Deutsche Polizei*, 10/2003

15 Vgl. Eckart Werthebach, *Task Force Zukunft der Sicherheit, Idealtypische Organisation innerer und äußerer Sicherheit*, Bertelsmann Stiftung 2002, http://www.bertelsmann-stiftung.de/documents/GutachtenWerthebach.pdf

16 Weißes Haus, »Fact Sheet, Strengthening Intelligence to Better Protect America«, Januar 2003, http://www.whitehouse.gov/news/releases/2003/01/20030128-12.html

17 Der Bundesgrenzschutz erhielt rund 2000 zusätzliche Kräfte. Über 50 Millionen Euro wurden in den Ausbau der Sicherheitsmaßnahmen im Luftverkehr investiert. Dazu gehörte die Verstärkung der Luftsicherheitskontrollen ebenso wie der Aufbau einer neuen Bundesgrenzschutz-Einheit von bewaffneten Flugsicherheitsbegleitern. Das Bundeskriminalamt erhielt über 43 Millionen Euro sowie 244 Stellen zusätzlich. Die Bereitschaftspolizeien der Länder erhielten für ihre Ausstattung und Ausrüstung zusätzlich 14 Millionen Euro. Im Zivil- und Katastrophenschutz einschließlich des Technischen Hilfswerks

stellte die Regierung rund 25 Millionen Euro für eine Informationszentrale für Krisenfälle, den Ausbau des satellitengestützten Warnsystems sowie weitere Fahrzeuge für ABC-Erkundung und -Dekontamination. Außerdem baute sie die Kapazitäten der Akademie für Notfallplanung und Zivilschutz aus, die national und international Führungskräfte im Zivil- und Katastrophenschutz fortbildet. Quelle: Interview mit Bundesinnenminister Otto Schily, »Alle Sicherheitsbehörden werden durch eine erhebliche Aufstockung der Personal- und Sachmittel gestärkt«, *DBB Magazin* 12/2001, http://www.dbb-nrw.de/index2.html?magazin/2001/12/dbbinterview.htm

18 Bundesverwaltungsamt, Zentralstelle für Zivilschutz, »Erfahrungen bei der Abwehr der Jahrhundertflut 2002 in Deutschland«, http://www.bzs.bund.de/semi2003/auswertung_hw/vortrag_sachsen.pdf

19 Rolf Gössner, »Das Wiederaufleben des staatsterroristischen Systems ...«, Dokumentation der »Informationsveranstaltung Bad Kleinen« im Volksbildungsheim Frankfurt/Main vom 24.03.1994, http://badkleinen.sooderso.net/texte/doku/7rolfgoe.htm

20 Statement on H.R. 2417, 13.12.2003, http://www.whitehouse.gov/news/releases/2003/12/20031213-3.html

21 Florian Rötzer, »Weitgehend unbemerkt hat US-Präsident Bush weitere Überwachungsmöglichkeiten für das FBI eingeführt«, *telepolis*, 02.01.2004, http://www.heise.de/tp/deutsch/special/auf/16426/1.html

22 Bundesdatenschutzbeauftragter Joachim Jacob, Pressemitteilung vom 04.05.1999, http://www.bfd.bund.de/aktuelles/pm19990504.html

23 Die nordrhein-westfälische Polizei konnte im Jahr 2002 mit Hilfe der DNA-Analyse 1134 Straftaten von Mördern, Sexualstraftätern, Räubern und Einbrechern aufklären. Quelle: Pressemitteilung des Innenministeriums Nordrhein-Westfalen vom 08.03.2003, Behrens: »NRW-Polizei besonders erfolgreich mit DNA-Analysen – Spitzenposition im Ländervergleich«, http://www.im.nrw.de/pe/pm2001/news_927.htm

24 Vgl. etwa die Websites der Cyberrights-Organisationen in Washington D.C.: EPIC, http://www.epic.org/privacy/profiling/tia und das Center for Democracy and Technology, http://www.cdt.org

25 »DARPA, Report to Congress regarding the Terrorism Information Awareness Program«, 20.05.2003, http://www.darpa.mil/body/tia/tia_report_page.htm

26 Abk. für »Computer Assisted Passenger Pre-screening System«

27 U.S. Officials Discuss Homeland Security, Passenger Name Record with EU, 06.05.2003, http://www.useu.be/Terrorism/USResponse/May0603BrowningPNREP.html#McHale

28 Remarks by Al Gore, *Freedom and Security*, 09.11.2003, http://www.acslaw.org/goretext.pdf

29 Bruce Schneier, »Fixing Intelligence Failures«, *Crypto-Gram Newsletter*, 15.06.2002, http://www.schneier.com/crypto-gram-0206.html

30 Zit. nach Tätigkeitsbericht 2002 des Unabhängigen Landeszentrums für Datenschutz Schleswig-Holstein, http://www.datenschutzzentrum.de/download/tb24.pdf

Blick in die Zukunft

1 Vgl. Karlheinz Steinmüller, »Eine neue Entwicklung in der internationalen Zukunftsforschung: Wild Cards«, http://www.download.z-punkt.de/wildcard.pdf

2 Vgl. bspw. Dan Glaister, »Hollywood disaster film set to turn heat on Bush. Movie depicting horrors of global warming could boost votes for Democrat challenger«, *The Guardian*, 13.03.2004, http://www.guardian.co.uk/uselections2004/story/0,13918,1168456,00.html sowie Andrian Kreye, »Warte, bis es dunkel ist. Nur Hollywood kann uns vor der Klimakatastrophe schützen«, *Süddeutsche Zeitung*, 14.05.2004

3 Philipp Sarasin, *»Anthrax«. Bioterror als Phantasma*, Frankfurt am Main 2004

4 Vgl. bspw. William Rivers Pitt und Scott Ritter, *Krieg gegen den Irak. Was die Bush-Regierung verschweigt*, Köln 2002

5 Gary Matsumoto, »Bioterrorism: Anthrax Powder: State of the Art?«, *Science* 2003/302: S. 1492–1497. Der Artikel kommt zu dem Schluss, dass die 2001 in den Anthrax-Briefen verwendeten Sporen mit sehr hoher Wahrscheinlichkeit aus einem Hochsicherheitslabor stammen.

6 Vgl. Judith Miller, Stephen Engelberg, William Broad, *Virus. Die lautlose Bedrohung. Biologische Waffen – die unsichtbare Front*, München: Droemer Knaur 2002

7 Botho Strauß, *Der Untenstehende auf Zehenspitzen*, München: Hanser 2004

8 Philip Kindred Dicks (1928–1982) Geschichten inspirierten nach seinem Tod mehrere Filme: »Blade Runner« (Ridley Scott, 1982) basiert auf seiner Kurzgeschichte »Do Androids Dream of Electric Sheep?« (dt. »Träumen Androiden von elektrischen Schafen?«); »Total Recall« (Paul Verhoeven, 1990) basiert auf »We Can Remember It for You Wholesale«; »Confessions d'un Barjo« (Jérôme Boivin, 1992) auf »Confessions of a Crap Artist« (dt. »Eine Bande von Verrückten«); »Screamers« (Christian Duguay, 1995) auf »Second Variety«; »Impostor« (Gary Fleder, 2002) auf »Impostor«; »Minority Report« (Steven Spielberg, 2002) auf »The Minority Report« und »Paycheck« (John Woo, 2003) auf »Paycheck«. Er gehört damit zu den meistverfilmten Autoren.

9 »... to those who scare peace-loving people with phantoms of lost liberty, my message is this: your tactics only aid terrorists, for they erode our national unity and diminish our resolve. They give ammunition to America's enemies, and pause to America's friends. They encourage people of good will to remain silent in the face of evil.« Zit. nach »Testimony of Attorney General John Ashcroft«, Senate Committee on the Judiciary, 06.12.2001, http://www.usdoj.gov/ag/testimony/2001/1206transcriptsenatejudiciarycommittee.htm

10 Angie Cannon, »Throwing away the key?«, *US News*, 24.06.2002, http://www.usnews.com/usnews/issue/020624/usnews/24terror.htm

11 Statement for the Record by Lieutenant General Michael V. Hayden, USAF director, National Security Agency/Chief, Central Security Service before the Joint Inquiry of the Senate Select Committee on Intelligence and the House Permanent

Select Committee on Intelligence, 17.10.2002, http://intelligence.senate.gov/0210hrg/021017/hayden.pdf

12 Approved Contractors for BAA-02-08: Total Information Awareness, http://www.epic.org/privacy/profiling/tia/contractors_table.html

13 Zit. nach Robert O'Harrow Jr., »Pentagon plans cyber-surveillance system, Anti-terror tool would expand access to data«, *Washington Post*, 12.11.2002, http://www.sfgate.com/cgi-bin/article.cgi?file=/chronicle/archive/2002/11/12/MN141903.DTL

14 »DARPA, Report to Congress regarding the Terrorism Information Awareness Program«, 20.05.2003, http://www.darpa.mil/body/tia/tia_report_page.htm

15 »Previously known as Total Information Awareness, this name created in some minds the impression that TIA was a system to be used for developing dossiers on U.S. citizens. That is not DoD's intent in pursuing this program. Rather, DoD's purpose in pursuing these efforts is to protect U.S. citizens by detecting and defeating foreign terrorist threats before an attack. To make this objective absolutely clear, DARPA has changed the program name to Terrorism Information Awareness.« Zit. nach »DARPA, Report to Congress regarding the Terrorism Information Awareness Program«, 20.05.2003

16 Vgl. SEC. 8124: Limitation on Deployment of Terrorism Information Awareness Program, S. 114–116

17 Matthew French, »Researchers still defending terror program«, 30.09.2003, http://www.fcw.com/fcw/articles/2003/0929/web-tia-09-30-03.asp

18 (2) The limitation in paragraph (1) shall not apply with respect to the deployment or implementation of the Terrorism Information Awareness program, or a component of such program, in support of the following: (A) Lawful military operations of the United States conducted outside the United States. (B) Lawful foreign intelligence activities conducted wholly against non-United States persons.

19 MATRIX, Abk. für »Multistate Anti-Terrorism Information Exchange«

20 Vgl. Website des Multistate Anti-TeRrorism Information EXchange (MATRIX), http://www.iir.com/matrix

21 Zit. nach Robert O'Harrow Jr., »U.S. Backs Florida's New Counter-terrorism Database, ›Matrix‹ Offers Law Agencies Faster Access to Americans' Personal Records«, 06.08.2003, http://www.washington post.com/ac2/wp-dyn/A21872-2003Aug5?language=printer

Wie verletzlich sind wir?

1 John S. Quarterman, »The Internet under Crisis Conditions: Learning from September 11«, *Computer Science and Telecommunications Board, National Research Council, The National Academies Press*, Washington 2003, http://books.nap.edu/books/0309087023/html/R1.html

2 Rand Corp., »Mapping the Risks, Assessing the Homeland Security Implications of Publicly Available Geospatial Information«, http://www.rand.org/publications/MG/MG142/MG142.pdf

3 Vgl. Harald Weiss, »Rüstungsindustrie und PC-Ersatz dienen als ›Jobmaschine‹«, *VDI-Nachrichten*, 16.01.2004

4 Günther Ennen, »Vermeiden Sie das Chaos im Chaos«, in: Bundesamt für Sicherheit in der Informationstechnik (Hrsg.), *IT-Sicherheit im verteilten Chaos*, Tagungsband 8, Deutscher IT-Sicherheitskongress des BSI, Ingelheim 2003

5 »Warnungen vor Spam-Verbot und großen Viren-Schäden«, *Heise online*, 05.01.2004, http://www.heise.de/security/news/meldung/43336 und »Clearswift sagt Superwurm für 2004 voraus«, 15.01.2004, http://www.heise.de/security/news/meldung/43672

6 Auch das europäische Projekt EISPP versorgt kleine und mittelständische Unternehmen mit Sicherheitsratgebern, so genannten Security Advisories: European Information Security Promotion Programme EISPP, http://www.eispp.org

7 Die Mitgliedsländer finanzieren ENISA mit 24,3 Millionen Euro, weitere 9 Millionen Euro steuern die neuen Mitgliedsstaaten bei.

8 John S. Quarterman, »The Internet under Crisis Conditions: Learning from September 11«, *Computer Science and Telecommunications Board, National Research Council, The National Academies Press*, Washington 2003, http://books.nap.edu/books/0309087023/html/R1.html

9 Annette Ramelsberger, »Pioniere im Kampf gegen den Terror«, *Süddeutsche Zeitung*, 22.03.2004

10 Daniel Thomas, »EU turns to IT in fight against terrorism«, *Computerweekly.com*, 25.03.2004

Eindeutige Identitäten

1 Cordula Meyer, »Das Projekt Big Brother«, *Der Spiegel* 13/2004, S. 39

2 Kontaktlose Chips werden auch RFID-Chips genannt. RFID steht für Radio Frequency Identification, Identifizierung per Funk

3 Die Bundesdruckerei GmbH war 120 Jahre ein staatlicher Betrieb. 2001 wurde sie für einen Milliarden-Euro-Betrag an den britischen Investor Apax Partners & Co. verkauft. Apax verkaufte sie nach schweren Verlusten der Holding Authentos GmbH zwei Jahre später für 1 Euro. Authentos gehören die Bundesdruckerei GmbH, die Bundesdruckerei International Services GmbH, ORGA Kartensysteme GmbH, die D-Trust GmbH, die Security Printing and Systems Limited und die Inco SP. z.o.o. an. Die Firmen beschäftigen sich mit Authentifizierung in den Segmenten Identifikationssysteme, Zugangssysteme, Wertdruck/Produktschutz und Publishing. Apax besitzt an Authentos Mehrheitsanteile.

4 Der vom Büro für Technikfolgenabschätzung des Bundestags (TAB) erarbeitete Sachstandbericht, der dem Bundestag im Frühjahr 2004 zum Thema »Leistungsfähigkeit, politische Rahmenbedingungen und rechtliche Ausgestaltung« von »Biometrie und Ausweisdokumenten« vorgelegt wurde, kommt insofern schon fast zu spät. Thomas Petermann vom Büro für Technikfolgenabschätzung (TAB)

mahnt denn wohl auch die Bundesregierung vergeblich, »ein übereiltes Hineinstolpern« ob des stetig wachsenden Termindrucks zu vermeiden. Denn die Einführung der neuen Ausweispapiere werde aus heutiger Sicht »ein gigantischer Labortest« für Deutschland. Zunächst brauche es eine Reihe von Piloten, um an Erfassungs- und Kontrollstellen die konkreten Praxisanforderungen herauszufinden. Auch auf der Produktionsebene werden, je nachdem wie avanciert das gewählte System ist, Anpassungsprozesse nötig sein. Petermann sieht deshalb »dicke Fragezeichen hinsichtlich des Umstellungsprozesses, der gesellschaftlichen Akzeptanz und der konkreten Systemanforderungen bei den Erfassungs- und Kontrollstellen«. Fazit: Das Ergebnis sei heute nicht zu antizipieren. http://www.tab.fzk.de/de/projekt/zusammenfassung/ab93.pdf

5 The Biometrics Resource Center Website des National Institute of Standards and Technology (NIST), http://www.itl.nist.gov/div895/biometrics

6 Biometrics-Website des US-Verteidigungsministeriums, http://www.defenselink.mil/nii/biometrics

7 National Security Agency (NSA), http://www.nsa.gov

8 ISO: International Standards Organization, IEC: International Electrotechnical Commission

9 http://www.jtc1.org

10 Special Group on JTC 1's Future, March 4–7, 2002, http://www.jtc1.org/Ftp/Public/JTC1/docreg/JTC1-SGF%20Draft%20Agenda.pdf; zuvor kümmerten sich die Arbeitsgruppen JTC1 / SC 17 »Smartcards« und SC 27 »IT-Security« um biometrische Anliegen. Dabei arbeitete eine Arbeitsgruppe von SC 17 direkt der UN-Behörde ICAO zu. SC 17 »Smartcards« beschäftigte sich zuvor mit dem Matching der biometrischen Daten auf Smartcards. SC 27 »IT-Security« kümmerte sich um allgemeine Probleme der IT-Sicherheit bei biometrischen Anwendungen.

11 Die Minutie ist ein charakteristischer Merkmalspunkt eines Fingerabdrucks. Die Minutien sind einzigartige Punkte eines Fingerabdruckes, meist die Enden von Fingerrillen und Furchen. Auch bei eineiigen Zwillingen unterscheiden sich diese Punkte, wodurch sich jeder Mensch eindeutig identifizieren lässt.

12 http://www.bsi.de/literat/studien/biop/index.htm

13 mehr: http://www.privacyinternational.org/issues/idcard/

14 Technology Assessment: Using Biometrics for Border Security. GAO-03-174. Washington, D.C.: 15.11.2002, http://www.gao.gov/new.items/d03174.pdf

15 Enhanced Border Security and Visa Entry Reform Act of 2001, http://php.auburn.edu/academic/other/international_education/sevp/HR3525_122701.htm

16 Summary of NIST standards for biometric accuracy, tamper resistance and interoperability, 13.11.2002, http://www.itl.nist.gov/iad/894.03/fing/fing.html

17 Bundesamt für Sicherheit in der Informationstechnik, *Bio-Face-Studie*, Bonn 2003, http://www.bsi.bund.de/fachthem/BioFace/BioFaceIIBericht.pdf

18 Das Papier enthält sichtbare und unter UV-Licht fluoreszierende Melierfasern sowie fluoreszierende Planchetten (scheibchenförmige Papiereinlagerungen), vgl. auch Hinweise der Bundesdruckerei zu den Sicherheitsmerkmalen der neuen vorläufigen Dokumente und Kinderreisepässe, http://www.bundesdruckerei.de/de/produkte/2_1/vorlauf_sicher.html

19 Das Papier wird zunächst beispielsweise mit einem monochromen oder gerasterten Untergrunddruck bedruckt, erst dann werden weitere Merkmale aufgedruckt.

20 Die zum Redaktionsschluss bekannte einzige Ausnahme ist das automatisierte, auf dem Abgleich zwischen dem Irismuster und auf der Ausweiskarte gespeicherten Irisdaten beruhende Einreisekontrollsystem von Singapur. Über Erfolgsraten ist nichts bekannt, da der Stadtstaat bislang keine Zahlen veröffentlicht.

21 Tsutomu Matsumoto, *Importance of Open Discussion on Adversarial Analyses for Mobile Security Technologies. A Case Study for User Identification*, Graduate School of Environment and Information Sciences, Yokohama National University, 14.05.2002, , http://www.itu.int/itudoc/itu-t/workshop/security/present/s5p4.html

22 Matsumoto kaufte sich Leiterplatten, auf die normalerweise Elektronikbastler ihre Schaltungen mit einer Ultraviolettlampe

belichten und dann herausätzen. Man muss dazu nur mit Schwarzpulver den gewünschten Fingerabdruck sichtbar machen, ihn mit einer Digitalkamera fotografieren, eventuell mit einer gängigen Bildbearbeitungs-Software den Kontrast nachbessern und das Bild dann auf eine Overhead-Folie drucken. Das ist die Maske für die Belichtung der Leiterplatte. Das damit herausgeätzte Fingerabdruck-Relief ist die Gussform für den nachgemachten Fingerüberzug aus Gelatine.

23 Lisa Thalheim, Jan Krissler, Peter-Michael Ziegler, »Körperkontrolle. Biometrische Zugangssicherungen auf die Probe gestellt«, *c't*, 11 / 2002, S. 114 ff.

24 Laut Thomas Zollver, Leiter des Bereichs Sicherheit-ICs bei Infineon, sind die Sensoren zunächst mit dem Ziel entwickelt worden, Finger schnell und gut zu erkennen. Seit den Tests ist einige Zeit verstrichen, so dass die neuen, angeblich überwindungssicheren Sensoren bereits auf dem Markt sein sollten. Neuere Testergebnisse wurden allerdings noch nicht bekannt.

25 Vgl. Peter-Michael Ziegler, »Grenzgang, Iriserkennung am Frankfurter Flughafen«, *c't* 2/2004, S. 38

26 Im brasilianischen Rio de Janeiro identifiziert das Dermalog-System pro Tag 50 Betrugsversuche. Bei Grenzübergängen können die Beamten zusätzlich einen zweiten Daumenabdruck und ein digitales Passfoto abrufen.

27 Der Co-Gründer des Bielefelder Vereins Foebud e. V. engagiert sich seit Jahren für Themen rund um die Privatsphäre und trägt seit Jahrzehnten ein Pseudonym bzw. einen Künstlernamen, nämlich padeluun.

28 Das Bundesverfassungsgericht erklärte 1969 eine Bürgernummerierung bzw. ein Personenkennzeichen für verfassungswidrig. Deshalb ist die Nummerierung eines Bürgers behörden- bzw. bereichsübergreifend in Deutschland nicht möglich. Die meisten Mitgliedstaaten der Europäischen Union haben hingegen bereits eine einheitliche ID-Nummer für ihre Bürger eingeführt. Die Ausnahme bilden Deutschland, Griechenland, Portugal, Irland und Großbritannien. In der Regel besteht die ID-Nummer neben einer zufälligen Zahlenfolge aus persönlichen Daten wie dem Geburtsdatum und -ort und

dem Geschlecht. In den skandinavischen Ländern sowie Spanien wird die Nationalnummer in allen Behördendokumenten benutzt. In Dänemark und Finnland ähnelt die Computerdatei eines Bürgers im nationalen Bevölkerungsregister einer Polizeidatei: In Finnland können Polizei und Rettungsdienste mit Hilfe der ID-Nummer diverse persönliche Daten über den Tetra-Datenverbund vor Ort abrufen. Zu den Daten in einer Zentraldatenbank gehören neben dem Namen, Geschlecht, Geburtsort auch die Nationalität sowie die frühere Nationalität. Auch die Zusammensetzung des Haushalts, der Ehestand, die Namen von Eltern, Gatten und Kindern sowie Beruf, Religionszugehörigkeit und andere Informationen wie rechtskräftige Verurteilungen, Bewährungsstrafen und so weiter können die Behörden mittels der ID-Nummer abrufen. Für mehr Informationen vgl. die im Auftrag der EU-Kommission erstellte Studie »The Electronic Identification of Citizens and Organisations in the European Union: State of Affairs«.

29 1999 vom Massachusetts Institute of Technology (MIT) gegründet, entwickelte das Audio-ID Center in Partnerschaft mit den Universitäten Cambridge, Adelaide, Keio und St. Gallen die RFID-Technologie. Unterstützt wurde es von über 100 Konzernen und Behörden, unter anderem von Coca-Cola, Unilever, Procter & Gamble und Wal-Mart bis hin zu UPS, Metro, Intel, SAP und dem US-Verteidigungsministerium. Website: http://www.autoidcenter.org. Die Firma EPCGlobal wird die Arbeit am »Electronic Product Code« vollenden. Getragen wird sie von den Standardisierungsgremien EAN und UCC, die auch den Produkt-Barcode verwalten.

30 Die EZB soll mit dem japanischen Elektronik-Konzern Hitachi schon über die Integration von ID-Chips in Euro-Banknoten verhandelt haben. Vgl. »Euro-Banknoten mit Identifikationschips«, *Heise online*, 23.05.2003, http://www.heise.de/newsticker/meldung/37063

31 CASPIAN, http://www.nocards.org

32 http://www.foebud.org

33 http://www.foebud.org/texte/aktion/rfid/positionspapier.pdf

34 Die US-Firma Applied Digital Solutions entwickelt unter dem

Namen »Digital Angel« Bio-Implantate. Zielgruppe sind Patienten, http://www.adsx.com/prodservpart/digitalangel.html

35 Zitate aus: Jochen Wegner, »Über RFID«, *Focus* 21/2004

36 67. Konferenz der Datenschutzbeauftragten des Bundes und der Länder am 25./26. März 2004 in Saarbrücken

37 http://www.intel.com/labs/features/rs01031.htm

38 http://robotics.eecs.berkeley.edu/~pister/SmartDust/

39 Institute for Prospective Technological Studies, Security and Privacy for the Citizen in the Post-September 11 Digital Age: A Prospective Overview, Europäische Kommission, Juli 2003

40 John Howard, »UK DNA Mismatch«, Scoop, 10 February 2000, http://www.scoop.co.nz/mason/stories/HL0002/S00053.htm

41 In Europa haben inzwischen 20 Länder eine nationale DNA-Datenbank eingerichtet. Deutschland besitzt nach Großbritannien die zweitgrößte DNA-Analysedatei.

42 Katja Schmid, »The Innocents: Verurteilt zu 3220 Jahren«, *telepolis*, 22.12.2003, http://www.heise.de/tp/deutsch/inhalt/sa/16355/1.html

43 Detlef Nogala, »DNA-Analyse und DNA-Datenbanken, Der ›genetische Fingerabdruck‹ – eine erstaunliche Karriere«, *Bürgerrechte & Polizei/CILIP* 61 (03/1998), http://www.infolinks.de/medien/cilip/ausgabe/61/dna.htm

44 *Die Welt*, 12.03.2001

45 Helmut Lorscheid, »Kinder-DNA-Datei für ›Klau-Kids‹. Hessische Initiative findet geteiltes Echo«, *telepolis*, 09.01.2004, http://www.heise.de/tp/deutsch/inhalt/te/16481/1.html

46 Annette Ramelsberger, »Pioniere im Kampf gegen den Terror«, *Süddeutsche Zeitung*, 22.03.2004, S. 6

Kontrolle ist besser

1 Don van Natta Jr., Desmond Butler, »How Tiny Swiss Cellphone Chips Helped Track Global Terror Web«, *New York Times*, 04.03.2004

2 *Grundrechte-Report* 2003, S. 20

3 http://www.big-brother-award.de/2003/.pol

4 Urteil des Bundesverfassungsgerichts vom 12.03.2004, Aktenzeichen: 1 BvF 3/92

5 Urteil des Bundesverfassungsgerichts vom 03.03.2004, Aktenzeichen: 1 BvR 2378/98

6 Martina Kant, »Verdachtsunabhängige Kontrollen. MigrantInnen im Netz der Schleierfahndung«, In: *Bürgerrechte & Polizei/CILIP* 65 (1/2000)

7 Einen Hinweis auf die tatsächlichen Zahlenverhältnisse gibt die achtmonatige Auswertung von ereignisunabhängigen Zugkontrollen in den Jahren 1997 und 1998 in Bayern im Rahmen des »Fahndungskonzepts Schiene«. Damals erreichte die Polizei eine Erfolgsquote von 16 Prozent. Etwa 75 Prozent der aufgegriffenen Menschen waren Flüchtlinge im Asylverfahren oder Geduldete, die gegen die räumliche Aufenthaltsbeschränkung verstoßen haben. Drei Prozent wurden mit Haftbefehl gesucht. Drogenhändler gingen der Polizei jedoch nicht ins Netz. Insgesamt machten Migranten und Flüchtlinge 82 Prozent der aufgegriffenen Personen aus, was auch Rückschlüsse auf die Suchkriterien der Polizei erlaubt.
Vgl. Kant, a.a.O., sowie die dort zitierte Quelle: D. Richter, U. Dreher, »Fahndungskonzept ›Schiene‹: Zugkontrollen im Rahmen der Schleierfahndung«, in: *Die Polizei* 1998, H. 10, S. 277–281 (280); siehe auch den Erfahrungsbericht »Fahndungsprogramm Schiene der Polizeidirektion Ansbach«, Stand: Juli 1998

8 Urteil vom 28.03.2003 (DVBl. 13/2003, S. 861 ff.)

9 Urteil vom 10. Juli 2003 (Vf. 43-II-00)

10 Urteil vom 21. Oktober 1999

11 http://www.big-brother-award.de/2003/.pol

12 Az. 10a Gs 239/03

13 http://www.big-brother-award.de/2002/.tec

14 Die Standortdaten sind auch Telekommunikationsverbindungsdaten.

15 Paragraph 100i der Strafprozessordnung

16 http://www.ripe.net

17 http://www.statewatch.org/news/2004/apr/8958-04-dataret.pdf

18 Entschließung zwischen der 66. und 67. Konferenz der Datenschutzbeauftragten des Bundes und der Länder vom 21.11.2003

19 Zit. nach Stefan Krempl, »Telekom beklagt massive Entwertung des Fernmeldegeheimnisses«, *Heise online*, 17.10.2003, http://www.heise.de/newsticker/data/anw-17.10.03-002/

20 *Grundrechte-Report* 2003, S. 15

21 Die Überwachungsstatistik sollte ursprünglich abgeschafft werden – mit dem Verweis auf eine »Arbeitserleichterung« für die Betreiber. Nun wird sie doch noch für eine gewisse Zeit Daten liefern. Langfristig sollen aber die Landesjustizverwaltungen aussagekräftigere Statistiken liefern, als sie es für die Länder und die TK-Unternehmen auf Bundesebene heute tun. Die Statistiken sind die Grundlage für jede kritische Evaluierung der Überwachungspraxis in Deutschland.

22 ASICs (application-specific integrated circuit) haben typischerweise nur eine beschränkte Inspektionstiefe von wenigen 100 Bytes. Kennungen wie etwa E-Mail-Adressen liegen jedoch häufig tiefer im Paket und werden deshalb nicht gefunden.

23 Wer muss was abhören? Das Telekommunikationsgesetz sagt nichts darüber aus, welche Protokollschicht zu überwachen ist. Wenn nun Protokollschichten von verschiedenen Unternehmen betrieben werden, können Mehrfachverpflichtungen entstehen. Die TKÜV nimmt zudem an, dass Carrier und Internet-Service-Provider identisch sind. Deshalb sollen die Daten beim »Betreiber des Übertragungsweges«, also dem Carrier, abgegriffen werden. Dieser muss dann die Daten als IP-Pakete gemäß derzeit erarbeiteter ETSI-Spezifikation ausleiten. Wenn jedoch, wie dies üblich ist, Carrier und Internet-Service-Provider getrennt sind, kann der Carrier die Daten nur so übergeben, wie er sie hat – nämlich auf OSI Layer 2 etwa als ATM-Zellen. Er

weiß in der Regel gar nicht, was sein Kunde mit der Leitung macht und ob IP darüber läuft. Aber aus den ATM-Zellen IP-Pakete zusammenzubauen ist Sache der Behörden, die dazu Anbieter wie GTEN beauftragen können. Die Profisysteme, die die Protokolle analysieren können, kosten jedoch pro Stück etwa 100 000 Euro, da sie speziell entwickelte, proprietäre Chipsätze in geringen Stückzahlen verwenden. Die aktuelle Technische Richtlinie Version 3.1. erlaubt bereits weitgehend die Überwachung von GPRS, doch realisiert ist sie noch nicht. Laut RegTP-Referatsleiter Karl-Heinz Helf setzt die neue Richtlinie mit der Version 4 die Vorgaben des Europäischen Standardisierungsinstituts ETSI in der ETSI-Richtlinie ES 201 671 »weitestgehend mit eventuellen nationalen Ergänzungen« um. Diese ETSI-Richtlinie ist letztlich das Ergebnis eines langjährigen Harmonisierungsprozesses internationaler Abhörstandards, der erstmals 1998 mit dem »Enfopol 98«-Papier für Furore gesorgt hatte. Die Richtlinie sieht neben der Überwachung von Fest- und Mobilnetz (GPRS) auch die Überwachung von IP-Paketen und E-Mails vor. E-Mails etwa werden kopiert und über XML-Parameter wie »empfangen«, »abgerufen« oder »gesendet« gemanagt. Dabei wird etwa auch das Verschieben einer E-Mail von einer Mailbox in eine andere berücksichtigt.
Außerdem verlangt die Richtlinie auf IPSec-Basis Schutzmaßnahmen für den Datentransfer zwischen Provider und den überwachenden Stellen, damit nicht Unbefugte von der Lauschaktion profitieren. Dafür hat das Bundesamt für Sicherheit in der Informationstechnik (BSI) die SINA-Box von Secunet zugelassen. Das Kryptosystem SINA-Box in der Softwarevariante darf Verschlusssachen (VS) bis zum Geheimhaltungsgrad »VS-Vertraulich« übertragen. Die Hardware-Version mit PEPP-Board und Kryptochip PLUTO wurde für die Übertragung von nationalen VS (Verschlusssachen) bis einschließlich Geheimhaltungsgrad »Geheim« vorläufig zugelassen.
In künftigen Versionen der Technischen Richtlinie soll auch UMTS abhörfähig gestaltet werden. Die Standards für WLL, Kabelnetze und Voice-over-IP sind hingegen noch offen. Dabei hat ETSI nicht die seitens einzelner Teilnehmer genutzten VoIP-Systeme im Fokus, sondern die von Providern angebotenen VoIP-Dienste. Helf:

»VoIP-Netzwerke müssen überwachbar gestaltet sein.« Allerdings konnte das ETSI, so Helf, hier bislang »kaum Fortschritte« erzielen. Die ETSI-Regelungen lassen es offen, ob die Überwachung in das System integriert oder über externe Lösungen realisiert wird. Karl-Heinz Helf bezeichnete es jedenfalls als »zweckmäßig«, dass auch die Telekommunikationsüberwachung von Dritten gemacht wird. Doch ob diese dann beispielsweise den Hochgeschwindigkeitsverkehr oder Kommunikation via Glasfasern überhaupt richtig erfassen, steht zu bezweifeln. Wolfgang Bäuml jedenfalls ist sich sicher: »Die Lösungsanbieter lösen die Probleme nicht.«

24 Ingo Ruhmann, Christiane Schulzki-Haddouti, »Abhör-Dschungel. Geheimdienste lesen ungeniert mit – Grundrechte werden abgebaut«, in: *c't* 5 / 98, S. 82 ff., http://www.heise.de/tp/deutsch/inhalt/te/9284/1.html

25 Ingo Ruhmann, Christiane Schulzki-Haddouti, »Holzhammermethoden. Ausweitung der Überwachung bedroht Internet-Anbieter«, in: *c't* 11 / 98, S. 74 ff., http://www.heise.de/ct/98/11/074/

26 Brief von US-Justizminister John Ashcroft an Ralf Mecham, Direktor des Administrative Office of the United States Courts vom 29.04.2003, http://www.fas.org/irp/agency/doj/fisa/2002rept.html

27 Der Bericht von Gerhard Schmid über die Existenz eines globalen Abhörsystems für private und wirtschaftliche Kommunikation vom 11. Juli 2001, http://www.europarl.eu.int/tempcom/echelon/pdf/rapport_echelon_de.pdf

28 Zu ENISA vgl. das Kapitel »Wie verletzlich sind wir?«

29 Siehe hierzu das Kapitel »Die Teile und das Ganze«

Die Teile und das Ganze

1 Bruce Schneier, »Fixing Intelligence Failures«, *Crypto-Gram Newsletter*, 15.06.2002, http://www.schneier.com/crypto-gram-0206.html

2 Cartia wurde Anfang 2001 vom US-Unternehmen Aurigin aufgekauft, das sein Geld mit dem Betrieb und der Durchforstung von Patentsammlungen verdient.

3 Walther Graf, »Rasterfahndung und organisierte Kriminalität«, Texte *»Umwelt Kriminalität Recht«*, Band 3, Bonn 1997

4 Vgl. Ralf Grötker, »Eene meene muh: Rasterfahndung in Deutschland – Teil 1, Die beliebtesten Fallgeschichten und Falschmeldungen aus dreißig Jahren, Raten mit Daten«, *telepolis*, 21.12.2001, http://www.heise.de/tp/deutsch/inhalt/co/11411/1.html

5 Vgl. Dieter Schenk, *Der Chef. Horst Herold und das BKA*, Hamburg: Hoffmann & Campe 2002

6 Patrick Hagen, »›Die Rasterfahndung verdient den Namen nicht‹, Interview mit Rechtsanwalt Wilhelm Achelpöhler«, *philtrat nr. 43 – november / dezember 2001*, http://www.uni-koeln.de/phil-fak/philtrat/43/s05.html

7 Walther Graf, »Rasterfahndung und organisierte Kriminalität«, Texte *»Umwelt Kriminalität Recht«*, Band 3, Bonn 1997

8 »Ein Jahr nach dem 11. September«, Gastkommentar des Landesbeauftragten für den Datenschutz, Dr. Helmut Bäumler, in: *Lübecker Nachrichten,* 07.09.2002, http://www.datenschutzzentrum.de/material/themen/presse/jahr1109.htm

9 Großbritannien und Irland behielten zwar ihre nationalen Grenzkontrollen, nehmen jedoch am Schengen-Informationssystem (SIS) teil.

10 Quelle: Pressestelle des Bundeskriminalamts Wiesbaden

11 Zit. nach Ruth Reichstein, »Europas Datenbank für kleine und große Verbrechen: Das Schengen-Informationssystem der Europäischen Union«, *Deutschlandfunk* (Sendemanuskript), 09.12.2003

12 Vgl. Protokoll der Bundestagssitzung vom 24.09.2003, Antwort des Parl. Staatssekretärs Fritz Rudolf Körper beim Bundesministerium

des Innern auf Frage der Abgeodneten Petra Pau (PDS). Mit Dank für diesen Hinweis an Stephan Stolle, Mitarbeiter der Zeitschrift *CILIP, Bürgerrechte und Polizei*

13 Zit. nach Dokument des Rats der Europäischen Union, »Anforderungen an das SIS«, 05.02.2002, 5968/02. Mit Dank an Stephan Stolle, Mitarbeiter der *Zeitschrift CILIP, Bürgerrechte und Polizei.* Ebenso neu hinzu kommen könnten Daten über Visa von Demonstranten aus Drittstaaten, über Reisesperren und bereits identifizierte Terroristen. Die Rats-Dokumente 5968/02 und 10054/03 (10055/03) beschreiben die neuen Standards.

14 Vgl. Dokument des Rats der Europäischen Union, »Beschluss des Rates über die Einführung neuer Funktionen für das Schengener Informationssystem, unter anderem im Hinblick auf die Terrorismusbekämpfung«, 24.06.2003, 10054/03. Dank an Stephan Stolle, Mitarbeiter der Zeitschrift *CILIP, Bürgerrechte und Polizei*

15 »U.S. Officials Discuss Homeland Security, Passenger Name Record with EU«, 06.05.2003, http://www.useu.be/Terrorism/USResponse/May0603BrowningPNREP.html#McHale

16 Vgl. *Datenschutz-Nachrichten DANA* 4/2003, S. 29

17 Dietmar Ostermann, »US-Terrorfahnder verheddern sich im Daten-Dickicht«, in: *Frankfurter Rundschau*, 05.01.2004, http://www.fr-aktuell.de/ressorts/wissen/netzwerk/?cnt=365722

18 Vgl. http://europa.eu.int/comm/internal_market/privacy/adequacy_de.htm#uspnr

19 Alle Angaben aus: Eva Joly, *Im Auge des Zyklons. Der Elf-Aquitaine-Skandal und mein Kampf gegen internationalen Finanzbetrug*, München: Riemann 2003

20 Ulrike Suendorf, *Geldwäsche. Eine kriminologische Untersuchung*, Neuwied: Luchterhand 2001

21 SWIFT, Abk. für »Society for Worldwide Interbank Financial Telecommunications«

22 Ernest Backes, Denis Robert, *Das Schweigen des Geldes. Der Clearstream-Skandal*, Zürich: Pendo 2003

Freiheit oder Sicherheit?

1 Rudolf Wassermann, »Das Grundgesetz, Anspruch und Verpflichtung«, in: Christiane Schulzki-Haddouti (Hrsg.), *Bürgerrechte im Netz*, Bonn: Bundeszentrale für politische Bildung 2003

2 Rede von Otto Schily, Bundesminister des Innern, zum Themenbereich »Innen- und Rechtspolitik« auf dem SPD-Parteitag am 20.11.2001, http://217.160.93.160/spd/schily/reden/reden_x.html

3 Rudolf Wassermann 2003 ebd.

4 »Neuer IMK-Chef Klaus Buß (SPD) fordert für Polizei Zugriffsrecht auf Kundendaten im Internet«, in: *FOCUS*, Januar 2004, http://focus.msn.de/F/FM/FMB/FMBA/fmba.htm?snr=3068

5 Ausführliche Darstellung siehe: Ingo Ruhmann, Christiane Schulzki-Haddouti, »Kryptodebatten, Der Kampf um die Informationshoheit«, in: Christiane Schulzki-Haddouti (Hrsg.), *Bürgerrechte im Netz*, Bonn: Bundeszentrale für politische Bildung 2003, S. 162–177

6 Vgl. Pressemitteilung des Bundesministerium des Innern und Bundesministerium für Wirtschaft und Technologie, Bonn, den 02.06.1999, Eckpunkte der deutschen Kryptopolitik

7 Siehe ausführlich zu datenschutzfreundlichen Techniken: Christiane Schulzki-Haddouti, *Datenjagd im Netz. Eine Anleitung zur Selbstverteidigung*, Hamburg: Rotbuch 2001, sowie: Christiane Schulzki-Haddouti (Hrsg.), *Bürgerrechte im Netz*, Bonn: Bundeszentrale für politische Bildung 2003

8 Herbert Fiedler, »Cyber – libertär? Nach dem 11. September«, in: *Informatik-Spektrum*, 20.06.2002, S. 215–219

9 http://anon.inf.tu-dresden.de

10 http://www.spline.de

11 Az.: 5/6 Qs 47/03

12 Das Landgericht Frankfurt/Main stellte klar, dass eine Durchsuchungsanordnung die Paragraphen 100g und h der Strafprozessordnung umgehe. Sie regeln den Zugriff von Strafverfolgern auf die Daten, die seitens der Diensteanbieter zulässigerweise erhoben und gespeichert werden. Das Gericht stellte fest, dass die »Normen des

§§ 100g, h StPO die Möglichkeit verdrängen, im Wege der Beschlagnahme bei einer Durchsuchung solche Daten zu Informationszwecken zu erlangen, bezüglich derer das Vorliegen einer Auskunftserteilungspflicht nach § 100g StPO zu prüfen wäre.« Vgl. hierzu Az.: 5/8 Qs 26/03

13 Urteil des Bundesverwaltungsgerichts vom 22. Oktober 2003 (Az.: 6 C 23.02)